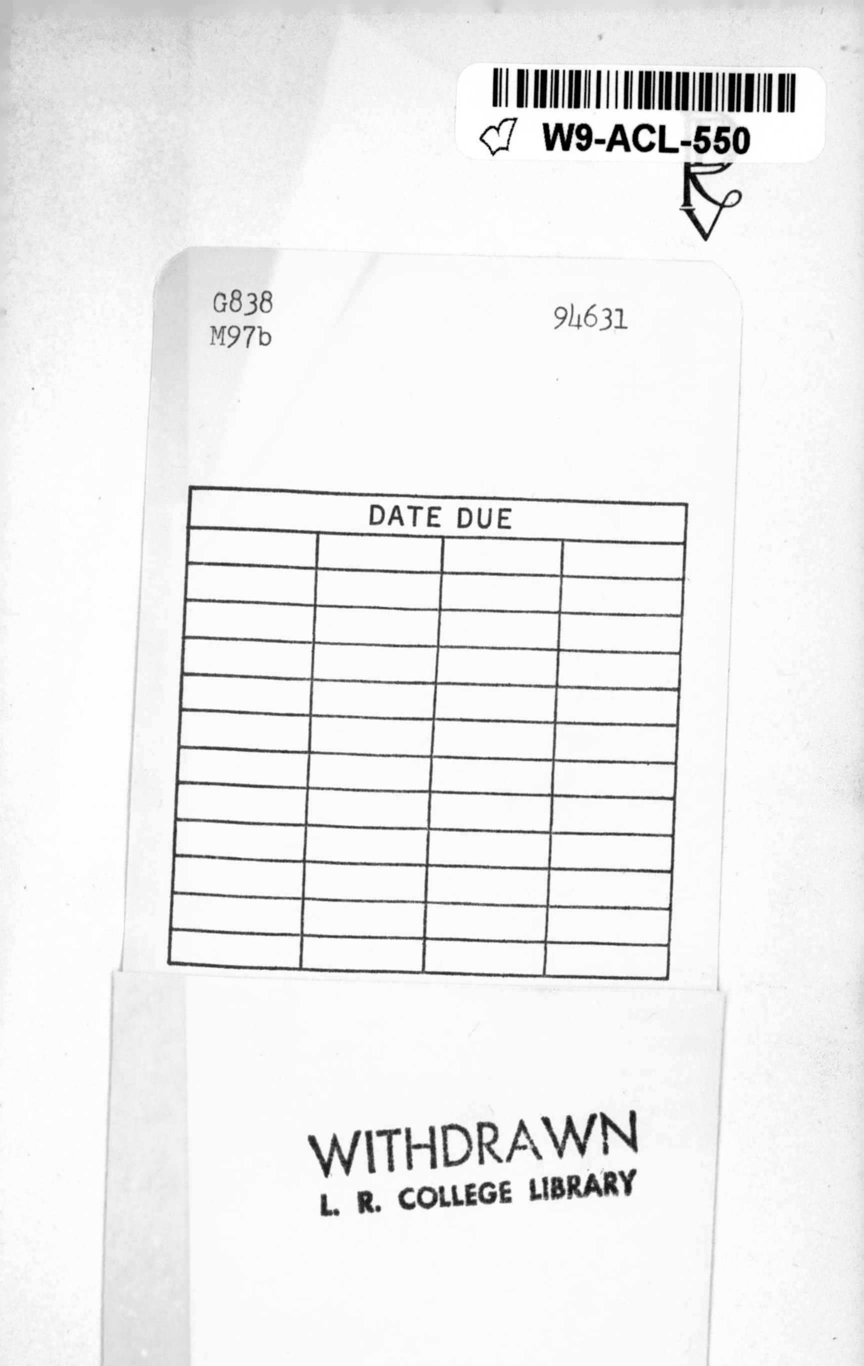
W9-ACL-550
G838
M97b
94631
DATE DUE
WITHDRAWN
L. R. COLLEGE LIBRARY

ROBERT MUSIL

BRIEFE NACH PRAG

Herausgegeben
von Barbara Köpplová
und Kurt Krolop

ROWOHLT

Veröffentlicht mit Unterstützung der
Vereinigung Robert-Musil-Archiv, Klagenfurt

Frontispiz: Zeichnung von Frau Martha Musil
Entwurf des Schutzumschlags: Werner Rebhuhn

1.–3. Tausend Mai 1971

Gesamtherstellung Clausen & Bosse, Leck/Schleswig
Gesetzt aus der Linotype-Garamond-Antiqua
Das Papier lieferte die Papierfabrik Schleipen, Bad Dürkheim
Printed in Germany
ISBN 3 498 04232 7

Zur Einführung

Die im folgenden zum erstenmal veröffentlichten Texte, Briefe von Robert Musil und an ihn, dazu einige von seiner Frau Martha, stammen aus dem Archiv Arne Laurins (1889–1945), des Chefredakteurs der tschechoslowakischen, in deutscher Sprache herausgegebenen regierungsoffiziösen Tageszeitung *Prager Presse*, die er von der ersten bis zur letzten Nummer (21. März 1921 bis 31. Dezember 1938) selbst leitete. Als Laurin Anfang 1939 ins Exil gehen mußte, wurde sein Archiv dem Literaturarchiv des tschechischen Nationalmuseums übergeben, das seit 1964 dem Prager tschechischen Literaturmuseum angegliedert ist.[1]

Keiner Zeitung oder Zeitschrift hat Musil so viele Beiträge geliefert wie gerade der *Prager Presse*. Auf diese Mitarbeiterschaft ist im Laufe der letzten Jahre wiederholt hingewiesen worden, ein kommentiertes Verzeichnis[2] und kommentierte Neudrucke[3] haben viele dieser Beiträge (wenn auch noch keineswegs alle) erfassen und so mithelfen können, sie unverdienter Vergessenheit zu entreißen. Angesichts dieser Fülle von Aufsätzen, Feuilletons, Notizen, Theater- und Kunstberichten drängt sich die Frage auf, welche äußeren Anlässe oder inneren Gründe die im Verhältnis zu der übrigen journalistischen Wirksamkeit Musils so ungewöhnlich lange, intensive und enge Bindung gerade an dieses Blatt bewirkt haben mögen. Die hier abgedruckten Briefe bieten neues und in mancher Hinsicht sehr aufschlußreiches Material, mit dessen Hilfe diese Frage klarer, vollständiger und konkreter beantwortet werden kann, als das bisher möglich gewesen ist; sie gewähren darüber hinaus einen genauen Einblick in die Entwicklungsgeschichte der Mitarbeit Musils an der *Prager Presse*; und schließlich lassen sie auch Rückschlüsse auf die Vorgeschichte dieser Beziehungen zu, die lange vor der Gründung dieses Blattes eingesetzt hatte und mit der Entstehungsgeschichte der freundschaftlichen Beziehungen zu dessen Chefredakteur Arne Laurin so gut wie identisch ist. Diese Entstehungs- und Entwicklungsgeschichte sei hier wenigstens in ihren Umrissen zusammenhängend dargestellt, weil ihre Kenntnis für das Verständnis der abgedruckten Briefe und für die Bestimmung ihres Stellenwertes unerläßlich ist; im übrigen wird sich die Kommentierung auf Texterläuterungen konzentrieren.

Arne Laurin (eigentlich Arnošt Lustig), geboren am 24. Februar 1889 in Hrnčíře bei Prag, gestorben am 18. Februar 1945 im amerikanischen Exil in New York, war, wie František Kubka zu berichten weiß, in seiner Jugend, als er nach Absolvierung der tschechischen Realschule in Jičín von 1909 bis 1911 an der Prager Technischen Hochschule studierte, Anarchist gewesen: «Ich sah ihn – noch im alten Österreich – bei einer Tagung des Studentenklubs ‹Antonín Čížek› präsidieren. Unter den zehn Teilnehmern saß auch ein Polizeikommissar, den der Vorsitzende hochmütig ignorierte. Noch zur Zeit des Habsburgerreiches begann er Essays, Skizzen und Feuilletons in der Art Alfred Kerrs und Franz Molnárs zu schreiben. Als Jude machte er seinen Leidensweg durch.»[4] Während des Ersten Weltkriegs diente er zunächst als Einjährig-Freiwilliger bei der Truppe, wurde nach seiner Entlassung aus dem Garnisonsspital Komárom im Frühjahr 1918 nach Wien abkommandiert und saß dort «im ‹Kriegspressequartier› mit Franz Werfel, Otto Pick und anderen, denen er bis an sein Lebensende treue Freundschaft bewahrte»[5]. Zu diesen «anderen» gehörte auch der k. k. Landsturmhauptmann Robert Edler von Musil, der Anfang März 1918 mit einem sehr unbequemen und undankbaren Auftrag ebenfalls ins Kriegspressequartier abkommandiert worden war: «Wochenberichte über die gute militärische Lage, die materiellen Leistungen der Monarchie während des Krieges, die durch den Friedensschluß mit der Ukraine erreichten Vorteile und andere günstige Meldungen unter Heranführung konkreter Daten und Ziffern zu veröffentlichen, um der Gefahr vorzubeugen, daß die im Hinterland zutage tretenden destruktiven Strömungen den guten Geist der Armee im Felde nachteilig beeinflussen könnten. Für diese Zeitung, die unter dem Titel ‹Heimat› mit Nr. 1 des 1. Jahrganges am 7. März 1918 erschien und deren Schriftleitung und Verwaltung sich in Wien III., Lorbeergasse 9, befand, wurde seitens des Kriegspressekommandos am 2. März 1918 Landsturmhauptmann Dr. Robert Musil von der Detailabteilung des Heeresfrontkommandos Feldmarschall Boroević von Bojna dringend abgefordert, da sich dieser infolge großer Erfahrungen auf dem Gebiete des Zeitungswesens für eine dabei in Betracht kommende Sonderbestimmung hervorragend eignen› würde. Es ist nicht unwahrscheinlich, daß sich Hauptmann Musil, der sich ja in Wien befand, sofort zur Verfügung stellte, ehe er noch am 18. März der redaktionellen Gruppe des Kriegspressequartiers zugeteilt wurde, so daß er bereits bei den Vorbereitungen des Inhalts der Nummer vom 7. März mitgewirkt haben könnte. Hauptmann Musil ... erscheint in der Folge aktenmäßig als Leiter der Redaktionellen Gruppe, bzw. der F. P.- (Feindpropaganda-) Gruppe des Kriegspressequartiers. Von der Wochenzeitschrift ‹Heimat› berichten die Akten bis in den Oktober 1918; auch eine slowenische Ausgabe unter dem Namen ‹Domovina› wurde hergestellt.»[6] Neben dieser slowenischen erschien unter dem Titel *Domov* auch eine tschechische Ausgabe, für die von den Untergebenen Musils in der Redaktionellen Gruppe des Kriegspressequartiers vor allem Arne Laurin verantwortlich war, der sich in dieser seiner neuen Stellung als Redakteur eines in letzter Stunde gegründeten, noch dazu in tschechischer Sprache erscheinenden Durchhalteorgans nicht sehr wohl gefühlt haben muß, aber doch das Glück hatte, in Robert Musil einen verständnisvollen Vorgesetzten zu finden, der in dieser für Laurin etwas peinlichen Situation über das Unvermeidliche hinaus keine patriotischen Fleißaufgaben von ihm verlangte; so daß, als 1919 Laurin wegen seiner Arbeit im Kriegspressequartier angegriffen und beschuldigt wurde, tschechische Schriftsteller als Mitarbeiter der Zeitschrift *Domov* angeworben zu haben, Fráňa Šrámek (1877–1952) ihn mit gutem Gewissen verteidigen konnte: «Aus der Zeit meines Aufenthaltes beim Kriegspressequartier ist mir überhaupt keine einzige Handlung Laurins bekannt, die mit eifrigerer Geste dem Kaiser gab, was des Kaisers ist, als daß man es ihm vorwerfen könnte.»[7] Daß ihm keine eifrigeren Gesten abverlangt worden sind, ist wohl nicht zuletzt der Einsicht und Güte Musils zu verdanken gewesen, und Laurin hat der noblen Haltung seines ehemaligen Vorgesetzten stets mit Dankbarkeit gedacht. In diesem Zusammenhang sind auch die gewichtigen Worte zu verstehen, mit denen er sich noch 1926 in einem Brief an Musil zu dieser Dankesschuld bekennt, wenn er in seinem Verhältnis zu ihm nicht nur «Gesetze der Freundschaft» wirken sieht, «sondern vor allem Gesetze der Dankbarkeit, die ich zu Ihnen hege und die ich nie vergessen werde, so lange ich lebe», um dann noch einmal ausdrücklich zu betonen: «Ich kann und werde nie vergessen, wie gut Sie zu mir waren in der sicherlich schwersten Zeit meines Lebens.»

Das Leben im Kriegspressequartier wies jedoch neben seinen gewiß nicht sehr erquicklichen dienstlichen Obliegenheiten auch noch andere Seiten auf; es trug auch dazu bei, neue Kontakte zwischen Schriftstellern aus allen Teilen der Monarchie zu schaffen und alte zu erneuern. Unter den ins Kriegspressequartier Abkommandierten befanden sich gegen Ende des Krieges neben Laurin, Musil und Šrámek auch noch Franz Blei, Paris Gütersloh, Egon Erwin Kisch, Otto Pick und Franz Werfel, der hier an Bestrebungen der Vorkriegsjahre anzuknüpfen suchte: «... während des Krieges ...», so erinnert sich Franz Werfel 1934, «faßte ich gemeinsam mit Otto Pick im Wiener Kriegspressequartier, in das wir beide nach unserer Kriegsdienstleistung berufen worden waren, den Entschluß, eine Zeitschrift namens ‹Die Böhmische Welt› herauszugeben. Der Umsturz machte diesen schönen Plan zunichte ... Im Kriegspressequartier, das sozusagen ein zusammengedrängtes Alt-Österreich war, haben wir ähnlich wie in Prag Freunde beider Nationen gefunden. So erinnere ich mich noch mit Freude der häufigen Zusammenkünfte mit dem edlen und vornehmen Dichter Fráňa Šrámek und werde auch niemals die Güte und lebhafte Energie eines Mannes wie Arne Laurin vergessen, der mit großer Selbstlosigkeit für seine Freunde eintrat. Im Grunde war dieses Zusammensein im letzten Kriegsjahre in Wien eine Fortsetzung jener freundschaftlichen Beziehungen, die man schon vor dem Krieg angeknüpft hatte.»[8]

Robert Musil verließ jenes im Kriegspressequartier «zusammengedrängte Alt-Österreich» als einer der letzten; er «blieb auch noch über das Kriegsende hinaus beim Kriegspressequartier bis zu dessen vollständiger Liquidierung am 15. Dezember 1918. Freunden, die ihn dann anredeten, warum er noch immer in Uniform herumlaufe, erwiderte er: ‹Ich löse auf.›»[9] Wenig später, am 26. Dezember 1918, ist der zweite der erhaltenen Briefe Musils an Laurin geschrieben, der Robert und Martha Musils Freude über die bevorstehende «würdige Tätigkeit» Laurins zum Ausdruck bringt. Laurin nahm diese Tätigkeit Anfang 1919 auf, als er in die Redaktion der neugegründeten und von Bedřich Hlaváč (1868–1936) geleiteten Prager tschechischen Tageszeitung *Tribuna* eintrat, in der er bereits im Mai 1919 zum stellvertretenden Chefredakteur aufrückte. «Nach dem 28. Oktober 1918», so berichtet František Kubka, «umkreiste er eine Weile den Chefredakteur Hlaváč in der ‹Tribuna› und wurde dann, weil er mit dem literarischen Sekretär Masaryks, Vasil Škrach, bekannt war, Chefredakteur der ‹Prager Presse›.»[10]

Gleich zu Beginn seiner Tätigkeit als stellvertretender Chefredakteur der *Tribuna,* am 3. Mai 1919, hatte Laurin dort eine tschechische Übertragung des später in den *‹Nachlaß zu Lebzeiten›* aufgenommenen «Bildes» *‹Die Affeninsel›* veröffentlicht, wohl eine der frühesten Übersetzungen von Musil-Texten in eine fremde Sprache.[11] Als Laurin Anfang 1921 die letzten Vorbereitungen für das erste Erscheinen der neugegründeten *Prager Presse* traf, bat er Musil nicht nur um vermittelnde Hilfe bei der Gewinnung von Mitarbeitern, sondern verpflichtete auch ihn selbst als ständigen Wiener Mitarbeiter und Theaterkritiker für das neue Blatt: eine Entscheidung, gegen die Ea von Allesch in einem ihrer Briefe an Laurin gewichtige Bedenken vorzubringen hatte: «Wie kamen Sie auf den Einfall Musil als Kritiker u. Polgar als Skizzenmitarbeiter zu engagieren oder umgekehrt? Zur Kritik gehört W i t z als erstes und ... Routine als zweites u. als drittes Gewohnheit r a s c h zu arbeiten. Alle 3 Punkte treffen bei Polgar zusammen u. fehlen bei Musil u. Musil kommt als langsamer Arbeiter für andere Sachen doch auf ein viel höheres Niveau, als als Kritiker.»[12] So berechtigt diese Einwände erschienen und so lästig für Musil oft die Verpflichtung gewesen sein mag, aktuell und termingebunden für eine Tageszeitung zu arbeiten, so wenig konnte er doch gerade damals auf feste Einkünfte in einer stabilen Währung verzichten.[13] Achtzehn Monate, vom März 1921 bis August 1922, währte diese Zeit der engsten Bindung an die *Prager Presse.* Aus dieser Zeit stammt ein großer Teil der hier abgedruckten Briefe, in dieser Zeit sind auch die meisten Beiträge Robert Musils für dieses Blatt erschienen. Zerwürfnisse mit dem Verwaltungsrat der *Prager Presse* führten dann im Herbst 1922 zu einer vorübergehenden Bindung an die *Deutsche Zeitung Bohemia.* Anfang 1923 kam es dann wieder zu einer Annäherung; verschiedene Pläne über Art und Umfang der weiteren Mitarbeit Musils wurden erwogen und wieder verworfen, aber die alte Intensität der Kontakte nicht wieder erreicht. Die Ursache dafür wird man vor allem darin zu sehen haben, daß Musil sich immer ausschließlicher der Arbeit an seinem großen Roman widmete und nebenher höchstens gelegentliche Beiträge liefern, aber nicht mehr ständig und regelmäßig an einer Tageszeitung mitarbeiten konnte.

Dieser Entwicklung entsprechen auch zahlenmäßiger Anteil und Inhalt der Briefe aus den Jahren 1924 bis 1930, die sich an dem

Schicksal eines Blattes, gegen dessen politische Offiziosität Musil schon sehr früh Einwände gehabt hatte [14], kaum mehr interessiert zeigen. Sein letzter Brief, die Antwort auf eine Rundfrage, gilt dem Kulturteil der *Prager Presse*, zu dessen Niveau er selbst wesentliche, über ihren Anlaß hinaus gültige Beiträge geleistet hat.

BARBARA KÖPPLOVÁ KURT KROLOP

Editorische Notiz

Die unorthodoxe Interpunktion und Rechtschreibung der hier abgedruckten Briefe wurden den Regeln des Duden *nicht* angepaßt, mit Ausnahme jener Stellen, an denen in den Originalen notgedrungen «ss» statt «ß» steht, weil dieses Zeichen auf der entsprechenden Schreibmaschine nicht vorhanden war. Desgleichen wurden die aus denselben Gründen vorkommenden Umschreibungen von Umlauten stillschweigend normalisiert. Rein mechanische Schreibversehen (Tippfehler) sind nicht registriert. Ein eigener ausführlicher Lesartenapparat erübrigte sich, die nicht allzu zahlreichen Textkorrekturen, Einfügungen u. dgl. sind in Fußnoten angeführt. Die Texterläuterungen erscheinen als Anmerkungen im Anhang.

Die Redaktion des Manuskripts besorgten Dr. Karl Dinklage, Klagenfurt, und Dr. Karl Corino, Frankfurt am Main. Der Verlag spricht dafür der Vereinigung Robert-Musil-Archiv in Klagenfurt seinen besonderen Dank aus.

Briefe Robert Musils an Arne Laurin

[ca. Oktober 1918]

Lieber Laurin

Ich höre hier das Gerücht, daß der tschechische Heimkehrer [1] erst mit der nächsten Nr. erscheinen soll. Wenn das *kein* Mißverständnis ist, so setzen Sie sich bitte sofort mit mir in telf. Verbindung (Redaktion), denn wir *müssen* noch in dieser Woche herauskommen, eventuell muß Langstein [2] übersetzen. Bitte lassen Sie ferners einen Kopf zeichnen; ich denke eine verkleinerte Variation des Domovkopfes.

Herzlichen Gruß

Musil.[3]

26. 12. 18.

Lieber Herr Laurin.

Ich habe Ihren zweiten Brief erhalten, ehe noch die Antwort auf den ersten Tat geworden war, und inzwischen ist auch der zweite Brief durch die schöne Nachricht überholt, daß Ihre Leiden zuende gehn und eine würdige Tätigkeit Ihrer wartet.[4] Ich freue mich *herzlich* und auch meine Frau [5] bittet mich, Ihnen das gleiche auszurichten. Ich nehme an (übrigens ist wahrhaftig seltsam, was Sie über Šrameks [6] Haltung andeuten!), daß man nicht Sie pardoniert hat, sondern daß Ihre Auffassung beginnt Verständnis zu finden. Anderes wünschen Sie sich ja selbst nicht.

«Einer ist ein Narr, oder ein wildes Tier, aber zwei bilden schon eine neue Menschheit» – verzeihen Sie, daß ich mich selbst aus dem Mpt. zitiere.[7]

Zoglauer läßt sie [sic] durch mich einladen, ihn durch Herrn Grenzer [8] (Reichsverband d. österr. Industriellen, Wirtschaftspolit. Gruppe, I, Schwarzenbergplatz) am laufenden über Ihre Adresse zu halten; falls sich eine Stellung bietet, will er sie Ihnen antragen, ich glaube aber nicht, daß viel zu erwarten ist und hoffe, daß Sie gar kein Bedürfnis danach mehr haben werden.

Von mir ist nichts zu sagen; ich arbeite sehr fleißig und mache mir keine Gedanken über die Zukunft, die übrigens auch nicht erfreulich wären.

Herzliche Grüße

Ihr
Robert Musil

[Adresse:]
Herrn
Jedn. dobrov. svob. Arne Lustig
Jičín (Bohemia)
střel. pl. 11 stab. odděl.
[Abs.:] Dr. R. v. Musil. Wien VIII. Florianigasse 2.[9]

21.4.19.
VIII. Florianigasse 2.

Lieber Herr Laurin

Sg. Scarpa[10] hat mir eine große Freude bereitet, als er mir Ihre Grüße und Ihren Brief brachte; Frau Milena[11] hatte mir nicht viel von Ihrer Tätigkeit erzählen können und Kisch[12] natürlich gar nichts. Er weiß nicht einmal, wer Ihr Chefredakteur ist[13], und ich bin neugierig geblieben. Er hat[I] einmal zu meiner Frau über irgend einen Tratsch im Herrenhof[14] geklagt und meine Frau erwiderte ihm darauf: «aber Sie sind doch dabeigesessen, ohne fortzugehn.» – «Ja», sagte er, «aber ich bin feindselig sitzen geblieben.»! – Ich finde diese Naivität ebenso echt dort, wo er «zu beschäftigt» ist, um sitzen zu bleiben; es gelingt ihm ebenso ehrlich[II] freundselig abwesend zu bleiben wie feindselig anwesend zu sein.

Ich wäre sehr gespannt, Genaueres über Ihre Tätigkeit zu hören, aber es geht wohl nicht, solange die Weißblau-Rothäute sich auf dem Kriegspfad gegen die Weiß-Rothäute befinden.[15] Hugh! Manchmal juckt es mich nach dem Tomahawk! Aber im großen ist es doch nur das Weltschauspiel der Untergangsreife des Bürgertums.

I Hier durchstrichen: sich.
II Für durchstrichen: leicht.

Wie merkwürdig daß diese von Unmoral bis zum Platzen gefüllte Organisationsform doch so viel Geistiges hervorgebracht hat.

Ich arbeite jetzt viel und endlich wie es scheint mit Gelingen. Eine kleine Erholungsarbeit – ich hatte sie, allerdings etwas vorschnell, für die erste Nr. des Neuen Tag[16] mit der linken Hand geschrieben, aber einiges Gute ist doch an ihr – lege ich Ihnen bei; wenn sie in Ihren Rahmen paßt, bedienen Sie sich bitte ihrer.[17]

Mit den herzlichsten Grüßen – einschließend die meiner Frau – Ihr aufrichtig ergebener

Robert Musil.

[Adresse:]
Herrn
Arne Laurin
Prag
Jungmannova 21
Redakce «Tribuny.»

22.9.19. Wien VIII. Florianigasse 2. I. St.

Lieber Herr Laurin.

Ich will aufs Land. Erstens wegen der Kraft, die ich sammeln muß, damit mein Lebenswerk nicht ungetan bleibt. Zweitens, weil es hier so anarchisch teuer wird, daß meine ganze Zeit für die Beschaffung der blöden Lebensnotwendigkeit daraufgeht; ja nicht einmal das gelingt mir jetzt mehr und zur Arbeit komme ich überhaupt nicht. Der Landaufenthalt, den ich suche – für ein halbes bis zu zwei Jahren – muß so billig sein, daß ich von literarischer Brotarbeit in dieser Zeit frei bleibe; also sehr billig. Er muß auch in der Reichweite einer Bibliothek liegen, was ja mit geografischer Nähe nicht identisch zu sein braucht.

Ich sehe mich jetzt bei uns danach um, aber der Partikularegoismus ist allerorten dieses kaum lebensfähigen Landes so groß, daß ich wenig Hoffnung habe ein Unterkommen zu finden. Ich denke daher auch an das Projekt[I] in die Tschechoslowakei zu emigrieren.[18] Halten Sie es für möglich und wollten Sie mir behilflich sein, eine Einsiedelei zu finden, wo ich als Deutscher und zwar Freund des tschechischen Volkes aber durchaus nicht seiner Politik nicht angefeindet werde?

I Hier gestrichen: nach.

Wenn Sie mir antworten, sagen Sie mir aus dem Schatze Ihrer nationalökonomischen Erfahrung bitte auch, wie sich das Verhältnis der Korona zur Mark in der inbetracht kommenden Zeit gestalten dürfte, da mein bescheidenes Einkommen in Mark bestehen wird, so daß ich außer dem Preis der Lebenshaltung auch den voraussichtlichen Kurs kennen muß.[19]

Nehmen Sie im voraus vielen Dank und seien Sie herzlich gegrüßt von Ihrem

Robert Musil.

p.s. Meine Möbel kann ich jetzt nicht kommen lassen, ich brauche deshalb möblierte Zimmer. Das ganze kann sehr einfach sein, bloß nicht unbehaglich.

6. 11. 19. VIII. Florianigasse 2.

Lieber Herr Laurin

Sie haben mir eine sehr schöne dicke Nummer der Tribuna vom 28. října 1919 zuschicken lassen[20], aber ich weiß nicht warum und auch Kisch[21], den ich als Sprachexperten heranzog, konnte keinen Grund herausfinden.

Ich habe Ihnen zwei Briefe geschrieben[22]; den ersten widerrief ich im zweiten, denn das Projekt in das tschechoslowakische Imperium zu ziehn ist aussichtslos; den zweiten widerrufe ich bedingungsweise jetzt, wenn es wahr ist, was Kisch voraussetzt, daß Sie keine Zeit fänden[I] mir zu antworten. Ich glaube das nicht.

Mit herzlichem Gruß

Ihr
Robert Musil.

[Adresse:]
Herrn
Arne Lustig-Laurin
Prag
II. Jungmannova tř. 21
Redaktion d. Tribuna
[Abs.:] Dr Robert Musil Wien VIII Florianigasse 2

I Aus: finden.

Wien III. Ungargasse 17. I. St.[32]

Ende Jänner [1921].[24]

Lieber Herr Laurin!

Suchen Sie noch einen Musikreferenten? Ich habe ohne Näheres zu erzählen erwähnt, daß einer in Wien für auswärts gesucht wird, und Dr. Robert Konta würde es sehr gerne sein. Seine Adresse ist IV. Mühlgasse 11. Er ist derzeit Referent der Bohemia, der Wiener Mittagszeitung und des Neuen Wiener Konservatorium[25], (das erste würde er aufgeben) war außerdem lange Mitarbeiter der Hudební Revue[26]: Sie könnten sich also leicht überzeugen, ob er Ihnen paßt. Er ist Komponist und wie ich höre als solcher geschätzt[27]; etwas konservativ. Wenn Sie wollen, könnte ich seine Referate eine Weile verfolgen, um Ihnen sagen zu können, wie er schreibt; schlechter als Graf[28] wird er es gewiß nicht tun.

Ein anderer Kandidat – allerdings ohne daß ich seinen Willen kenne, ja ich weiß nicht einmal, ob er derzeit hier ist, – wäre Alban Berg. Schönbergschüler. Als ich die Leitung der N.[euen] Rundschau übernehmen sollte, wurde er mir sowohl von Werfel wie von Blei als der geeignetste Musikmitarbeiter empfohlen.[29] Ich hatte das ganz vergessen, als sie mich hier fragten.

Möglich wäre ja auch: Konta als – bei der Unzahl der Konzerte! – «laufender» Referent und Berg, der sicher sehr oppositionell ist, gelegentlich.

Wenn Sie wollen, nehme ich mit beiden offiziell Fühlung, sobald die Sache soweit gediehen ist.

Mit den herzlichsten Grüßen

Ihr aufrichtig ergebener
Robert Musil.

Wien III. Ungargasse 17. [Vor Mitte Februar 1921]

Sehr geehrter (warum schreiben Sie mir nicht auch: Lieber)
Herr Laurin.

Die Adresse unseres Anić[30] ist, wie es zu ihm gehört, nicht festzustellen. Weder auf der Botschaft kennt man sie, noch wissen sie seine Freunde, die ich auf der Botschaft auftrieb. Aber diese behaupten, es genüge, wenn man: Advokat, Belgrad adressiert. So stelle auch ich mir Belgrad vor.

Frau v. Allesch[31] habe ich heute angerufen, sie will[I] Ihnen[II] selbst schreiben und scheint sich zu freuen. Ich kann Ihnen mit gutem Gewissen – denn sie ist schon seit einem Jahr auf mich schlecht zu sprechen – versichern, dass ich sie für sehr geeignet halte. Es ist wertvoll, wenn über diese Nichtigkeiten[32] ein Mensch schreibt, der es nicht ist und doch noch Sinn dafür hat.

Herr Konta wird erst von mir verständigt werden; weil Sie so rasch Ja gesagt haben[33], ist mein Gewissen unruhig, aber schliesslich: wer Geist hat, macht ja nicht Musik. Sie müssen mich einmal meine Musiktheorie entwickeln lassen![34]

Mit den herzlichsten Grüssen und froh, Sie bald wiederzusehn,

Ihr
Robert Musil.

[Poststempel: Wien, 24. II. 21]

Lieber Herr Laurin.

Ich glaube Sie haben mittag und Abend verwechselt; ich war abends Herrenhof und Sie vermutlich schon abgereist. Ich sende Ihnen jetzt den Törless[35] mit Post.

Was haben Sie mit Fr. v. Allesch verabredet?[III] läßt meine Frau fragen und grüßt Sie herzlichst mit mir

Musil.

[Adresse:]
Herrn
Arne Laurin
Praha II
Salmovská 6.
[Abs.:] Musil Wien III. Ungargasse 17.

Wien, III. Ungargasse 17. 2. März 1921.

Lieber Herr Laurin!

Also erstens vielen Dank für das «Engagement»[36]. Zweitens den Artikel zum Beginn werden Sie natürlich rechtzeitig erhalten.

I will aus: wird (‹r› versehentlich nicht gestrichen).
II Hier gestrichen: voraussichtlich.
III Fragezeichen aus Komma.

Ich denke, so eine Art kurze geist-politische Revue der jüngsten Zeit; Reigen-Politik, Kunstbesitzwegführungsproteste, Buchhandelsstrike, Durchfall der Wiener Kritik bei der Claudel Première und was noch hinzukommt.[37]

Drittens: Robert Konta habe ich schon abgeschrieben, bevor ihr [sic] Brief kam, und brauche das daher nicht zu wiederholen; ich sagte, die Frage einer ständigen Berichterstattung sei überhaupt fallen gelassen worden.

Viertens: Alban Berg habe ich geschrieben, nachdem ich 200 mal vergeblich zu telefonieren versuchte. Ich habe ihm vorgeschlagen: etwa zweimal im Monat «über musikalische Fragen zu schreiben, für deren Erörterung eine Zeitung geeignet ist. Es soll sich dabei nicht um laufende Berichterstattung handeln, wohl aber, soweit als möglich um Anknüpfung an die Vorkommnisse.» Antwort kann ich erst in einigen Tagen haben.

Fünftens: Ich habe Thomas Mann geschrieben, ob sein Roman zum Vorabdruck zu haben wäre.[38]

Sechstens: Ich habe Frau Allesch telefoniert.

Sie wird Ihnen nochmals schreiben, da Kisch als Vermittler nicht funktionierte.[39] So viel [sic] ich Ihren [ihren?] Eröffnungen entnehmen konnte, macht sie es von dem, was Sie zahlen wollen abhängig, ob sie nur Modestimmungsberichtchen schreibt, oder eine andre Art von Artikeln, deren Herstellung, wenn ich recht verstanden habe, größere Vorbereitungen erfordert. Das werden Sie ja selbst sehen. Was mich berührt, ist, daß die Illustrationen zur ersten Art mit dem Text in keinem Zusammenhang zu stehen brauchen (sagt Frau A.), zur zweiten Art, wenn ich nicht irre, von ihr beigestellt werden. In beiden Fällen scheint sie eine Zusammenarbeit mit meiner Frau[40] vermeiden zu wollen. Wir möchten ihr jedoch nicht vorgreifen; vielleicht lassen Sie mich wissen, was sie schreibt, und ich werde Ihnen dann einen Ergänzungsvorschlag machen.

Ihren Brief nochmals lesend, fühle ich mich nicht sicher, ob sie [sic] als erstes statt eines Artikelchens nicht eine Skizze (dichterisch) gemeint haben; mir wäre es gleich, nur müßte ich das bald wissen, weil so eine Skizze mehr Zeit braucht.

Mit den herzlichsten Grüßen

Ihr
Robert Musil.

Wien. 9. März 1921.

Lieber Herr Laurin!

Thomas Manns Antwort, die zugleich mit Ihrem Brief vom 7. eintraf, lege ich Ihnen bei. Bitte Sie aber, mit nächstem sie mir wieder zurückzusenden. Der Roman kommt also im Moment noch nicht in Betracht; für später scheint mir die Sache aber nicht unmöglich zu sein, denn für Ihr Programm wäre Manns Name natürlich ein Gewinn, der sich in Ziffern nicht adäquat ausdrücken läßt, da er gerade für viele nationale, aber nicht chauvinistische Deutsche vorbildlich und führend ist. Sie sehen es auch daraus, wie er über Ihre Zeitung denkt, die ich ihm – wohl in Ihrem Sinne – für jede Äußerung, die ihm am Herzen liegt, zur Verfügung gestellt habe.[41] Ich werde ihm antworten, sobald ich von Ihnen Bescheid habe.

Soyka[42] werde ich von Ihrem Wunsch[43] in Kenntnis setzen und sehen, was er hat. Wegen der Theater schreibe ich Ihnen das nächstemal, denn ich glaube, daß ich das hier durch die Korporation der Auslandskorrespondenten machen kann und muß. Ich werde anfang [sic] nächster Woche darüber mit Langstein[44] sprechen und es womöglich ordnen, ohne Sie zu bemühen.[45]

Haben Sie den Törless erhalten, den ich Ihnen am Tag nach unserem nicht mehr zustandegekommenen Rendezvous[46] express sandte?

Wegen der Modesache schreibt Ihnen meine Frau selbst.

Mit herzlichem Gruß

Ihr
Robert Musil.

Wien, III. Ungargasse 17. 10. März 1921.

Lieber Herr Laurin!

Sie befinden sich wegen Soyka[47] im Irrtum; er versichert mir, daß er überhaupt keine Feuilletons schreibe und daher auch nicht schreiben möchte; bloß im Kriege habe er das getan, um irgend etwas Frontabgewandtes damit zu erreichen. Wiederdrucke dieser könnten Sie natürlich haben, aber ich nahm an, daß Ihnen damit nicht gedient wäre. Hingegen bietet er an:

Auf das Heißeste – einen Roman, der im April im Wiener Tagblatt zu erscheinen beginnen soll; bei gleichzeitigem Erscheinen könnte der Termin wohl geregelt werden.

Warm – Nachdrucke verschiedener älterer Skizzen, Novellen udgl.

Lau – Neue Novellen oder Skizzen.

Ich nahm an, daß Ihnen am dritten wohl am meisten liegen würde, und hackte in diese Kerbe: er hat versprochen, so etwas – wenn Sie wollen – jeweils binnen acht Tagen fertig zu machen (was er nämlich anfangs nicht recht versprechen wollte) Geradezu in unbegrenzter Menge – ergab sich im Gespräch – würde er erste Kapitel, Romananfänge produzieren, die man einfach für sich stehen läßt. Er hat das schon einmal versucht und ich könnte mir eine recht kokette Wirkung davon versprechen. Da Sie Wert auf ihn zu legen scheinen und ihm das den meisten Spaß macht, würde ich dazu raten. Entscheiden Sie im Prinzip, das Nähere kann ich ja dann noch mit ihm besprechen. Mit Honorar scheint er keine Schwierigkeiten zu machen. Man spannt also und reißt ab, natürlich müßte die Sache so gemacht sein, daß eine in sich geschlossene Wirkung entsteht.

Frau von Allesch[48] macht es meiner Frau unmöglich – ich meine: nicht moralisch, sondern materiell, indem sie in keiner Weise voraussagen können will, worüber sie zu schreiben gedenkt und wo man sich die Inspirationen holen könnte, die sie sich holt – Illustrationen zu ihren Artikeln zu liefern. Trotzdem es doch so leicht wäre, gerade wenn das Wienerische vermieden werden soll, sich aus den internationalen Zeitschriften das Tonangebende herauszuholen, das man dann zur Grundlage einer zeichnerischen Variation nimmt, die zum Text auf das Famoseste passen kann. Es soll doch nicht Mode geschaffen werden, sondern in einer amüsanten Form über das Bestehende referiert werden. – Sie haben es ja in Ihrem vorletzten Brief an mich vorausgeahnt; aber es hat mich etwas gewundert, daß Sie dann gleichzeitig Fr. A. schrieben, wenn es mit meiner Frau nicht ginge, müßte sie anderwärts für Illustrationsmaterial sorgen. Sie hat das meiner Frau gezeigt und diese wird natürlich weiterhin keinesfalls ein Hindernis Ihres Einvernehmens mit ihr sein. Ich nehme an, daß Sie jetzt dringendere Sorgen im Kopf haben als diese Modetorheit und betrachte damit die Angelegenheit vorläufig als erledigt. Ich bitte Sie, auch das zu tun und nicht aus Freundschaft nach einem Kompromiß zu suchen; das würde mich in ausgesprochen unangenehme Verlegenheit bringen. Wenn es Ihnen aber möglich ist, die Lösung so zu treffen, daß sie nach einiger Zeit, wenn die P. Presse erst reibungslos läuft, revidiert werden kann, wäre ich Ihnen dankbar. Denn aus Gründen, ohne deren langatmige Erklärung Sie mich nicht verstehen könnten, nehme ich die Angelegenheit ernster als es ihr anscheinend zukommt.

Die kleine geist-politische Revue [49] von mir erhalten Sie in ein paar Tagen.

Mit herzlichem Gruß

Ihr
Musil.

12. III. 21.

Lieber Herr Laurin!

Alban Berg hat leider abgesagt; er will wohl gelegentlich schreiben, aber keine feste Verpflichtung übernehmen, da ihn das jetzt in einer Arbeit stören würde [50]; er war nicht zu überreden. Er und auch andere rieten mir zu Ed. Wéllesz [51], soweit ich mich erinnere, seinerzeit Musikreferent beim Neuen Tag [52]; ganz guter Name, nichts ganz Besondres. Aber Sie finden unter den Wiener Referenten nicht leicht jemanden, der besser wäre, außer man frägt lange herum und verläßt sich auch auf den Zufall. Ich nehme mit W. erst Fühlung, wenn Sie zustimmen. Finde ich später einen Besondren, so kann man das ja auch dann noch machen.

Bitte lassen Sie an Oskar Maurus Fontana [53], Wien IV. Paulanergasse 12, folgende Bücher senden, die er besprechen wird:

Ch. L. Philippe: Bubu von Montparnasse. (K. Wolff.) [54]

Douglas Mawson: Leben und Tod am Südpol. (Leipzig, Brockhaus.) [55]

Nadler: Literaturgeschichte der deutschen Stämme und Landschaften. (J. Habel. Regensburg.) [56]

Gaugin [sic]: Briefe aus der Südsee. (Kiepenheuer, Potsdam.) [57]
Vorher und Nachher. (K. Wolff.)

Gf. Vay de Vaya: Nach Amerika im Auswandererschiff. (Pätel, Berlin.) [58]

J. V. Jensen: Das verlorene Land. (Fischer.) [59]

Ejnar Mikkelsen: Sachawachiak, der Eskimo. (Gyldendal, Berlin.) [60]

George Grosz: Gott mit uns. (Malik Verlag, Berlin.) [61]

Mit herzlichem Gruß Ihr

Robert Musil.

Alb. Berg empfiehlt Ihnen auch:

Kapellmeister Dr. Jalowetz [62], Prag, Deutsches Theater

15. III. 21.

Lieber Herr Laurin!

Heute muß ich mich noch an Sie selbst wenden, in Hinkunft werde ich das nicht Wichtigste mit Herrn Pick[63] besprechen. Ich sende Ihnen nämlich beiliegend meinen ersten Beitrag.[64] Lassen Sie mir sagen, ob er zu lang ist und durchschnittlich um wieviel. Diesmal wird er ja vielleicht in irgend einer Festtagsnummer[65] auch so unterzubringen sein. Ich habe nichts dagegen, wenn er auch gar nicht verwendet wird, nur Kürzungen dürfen nicht ohne mein Einverständnis gemacht werden, sagen wir lieber ein für allemal: dürfen nur von mir selbst gemacht werden. Daß Sie es nicht anders tun werden, weiß ich ja, aber lassen Sie es auch alle jene wissen, welche in die Lage der Versuchung kommen könnten.

Mit herzlichem Gruß

Ihr
Robert Musil.

Soll ich also Thom. Mann sagen, daß Sie nicht reflektieren?

3. 4. 1921.

Lieber Herr Laurin.

Bitte treffen Sie Vorkehrung, dass meine Artikel *verlässlich* korrigiert werden. In dem über Molnár ist ein sinnstörender Druckfehler drin und ein zweiter, der den Sinn an seiner Stelle *direkt ins Gegenteil* verkehrt.[66]

Herzliche Grüsse

Ihr
Robert Musil.

[Abs.:] R. Musil, Wien III, Ungargasse 17

Wien, III. Ungargasse 17. 23. April 1921.

Lieber Herr Laurin!

Ich muß mich mit Ihnen über die Prager Presse aussprechen, denn die Beurteilung, welche das Blatt findet, ist derart, daß es mir auch in Ihrem Interesse zu liegen scheint, wenn ich rückhaltlos darüber rede.

Sie haben mir seinerzeit zwei Direktiven gegeben, von denen ich bisher bei der Anwerbung von Mitarbeitern Gebrauch machen konnte: Sie sagten, das Blatt sei Organ Masaryks[67]; und die Orientierung sei überstaatlich[68].

Dem entgegen ist hier die allgemeine Überzeugung: die Prager Presse ist ein Organ des tschechischen Außenministeriums und die Orientierung sei derart, das[s] die Deutschen in ihrem Widerstand gegen den tschechoslowak. Staat geschwächt werden sollen und dem Ausland Sand in die Augen gestreut werden soll.

Daß das erste zutrifft, scheint nach den Informationen, die man mir gegeben hat, so weit[I] der Fall zu sein, daß man schwer etwas dagegen sagen kann.[69] Ich muß Ihnen mitteilen, daß es mir bereits zwei Absagen von wertvollen und durchaus nicht chauvinistischen Schriftstellern zugezogen hat, trotzdem ich deren Zusage einige Tage zuvor bereits gewonnen hatte. Breitet sich diese Stimmung aus, so kann bald der Fall eintreten, daß es überhaupt unmöglich wird, Menschen von Rang für die Mitarbeit zu gewinnen. Als das einzige Mittel, um der Ausbreitung dieser Stimmung entgegenzutreten, erscheint es mir, daß Sie mir Informationen geben, welche mir gestatten, mit kräftigen Argumenten für die Tendenz und Orientierung des Blattes einzutreten.[70]

Außerdem erscheint es mir als unerläßlich, daß der Möglichkeit von Mißdeutungen im Inhalt des Blattes mehr Rechnung getragen wird. Ich habe mir jetzt den Inhalt der meisten bisher erschienenen Nummern durchgesehen und ich würde es als eine Verletzung meiner freundschaftlichen Pflicht betrachten, wenn ich Ihnen nicht sagte, daß für deutsche Augen der Eindruck zweideutig ist. Es ist z. B. sehr interessant und durchaus begrüßenswert, wenn die aus der Reparation sich ergebenden Konflikte Deutschlands mit Frankreich[71], wie die PP. es tut, öfters auch von der anderen, der französischen Seite her betrachtet werden, denn zweifellos hat sich der deutschen öffentlichen Meinung eine Suggestion bemächtigt und es ist geistig und im besten Sinne deutsch, frische Luft in diese Atmosphäre einzulassen[72]: Aber wenn ich die PP. durchsehe, muss ich doch sehen, daß die Informationen vorwiegend frankophil sind. Richtiger gesagt, aus der Mentalität einer Regierung geschöpft sind, die sich mit

I Für durchstrichen: täglich.

Frankreich und Deutschland zu verhalten wünscht, deren oberstes Interesse aber ist, daß die Friedensverträge eingehalten und möglichst glatt durchgeführt werden.[73] Ich will nicht davon reden, auf welcher Seite in diesem Fall das höhere Menschentum ist, wohl aber müssen Sie sich vergegenwärtigen, wie ein geistiger Deutscher notwendig denken muß: Für uns sind die Friedensverträge unentschuldbarer, als es die Kriegserklärungen waren. Denn der Krieg war die Katastrophe einer alten Welt, die Friedensverträge die Verhinderung der Geburt einer neuen. Das gleiche läßt sich auf den Vergleich des tschechoslowakischen Staats mit der alten Monarchie anwenden.[74] Wenn wir uns gegen die Durchführung der Friedensverträge[75] wehren, so schützen wir nicht nur unser materielles Interesse, sondern auch unsere moralische Überzeugung. Dafür fehlt der PP. im außenpolitischen Teil anscheinend mehr das Verständnis als in der Behandlung der inneren Politik.

Aber auch in dieser gibt es ein Beispiel, die Verteidigung der Karlsbader Theaterangelegenheit; an und für sich ein Schmarrn, wirkt es scheinwerferartig. Ich kenne von der ganzen Sache nur die Verteidigung der Regierung durch die PP. in ihrer Replik gegen die N.Fr.Pr., aber ich muß sagen, daß ich danach allen mir unbekannten Angriffen gegen die Regierung recht gebe. Wenn sie das getan hat, was da verteidigt wird, so hat sie einen Kulturraub begangen. Ich nehme willig an, daß das Karlsbader deutsche Theater keine Kulturstätte war, aber dann kann man den Deutschen die meisten ihrer Theater wegnehmen und ebenso den Tschechen wahrscheinlich: Kulturpolitik geht anders vor, das ist doch keine Frage!

Ich kann mir lebhaft vorstellen, welchen Eiertanz Sie zu tanzen haben. Trotzdem nützt nichts anderes, als sich klar zu machen, daß alle Offiziosität rettungslos früher oder später auf den Sand läuft[76] und sich um alle und jede Wirkung bringt. Im Ausgleichsverfahren der Konzessionen nach hüben und drüben, mit objektivem Gerechtseinwollen und Abwägen von Überzeugung und Opportunität ist nichts zu machen. Sozusagen statische Versöhnungspolitik, die ein Gleichgewicht dem einseitig belasteten Zustand geben, zugleich aber sich nicht von Ort und Stelle rühren will, wirft um! Man kann nur etwas mit einem großen Schwung erreichen: ich möchte andeuten, wie ich ihn für möglich halte.

Uns Deutschen ist ein unerträgliches Unrecht zugefügt worden. Es ist unvermeidlich, daß wir nach einer Neugestaltung Europas streben. Es ist unvermeidlich, daß wir eine Revision der Frieden[sverträge?] fordern. Aber sie soll keine restitutio in integrum sein, sondern sie muß aus der Machtpolitik und Revanchekette hinausführen. Statt der Konstitution Europas in rivalisierenden Bestialstaaten muß eine Form der Vereinigung der in sich geeinten Völker untereinander gefunden werden, überstaatlich und möglichst unstaatlich.[77] Ich glaube, daß der tschechische Staat ein großes Interesse daran hat, daß solche Anschauung entsteht, denn wenn er sich nur auf die Macht stützt, so ist er zwar heute gesichert, für die ganzen nächsten hundert Jahre möchte ich aber nicht die Garantie übernehmen müssen. Sein staatspolitisches Interesse deckt sich mit dem menschlichen und er hätte eine Mission, wenn er sie nicht gerade so verabsäumt wie es das alte Öst.-Ung. getan hat. Daß man die Zukunftsvorstellung verschieden ausgestalten kann, ist natürlich und ich habe mich mit Absicht in einer ganz vagen Andeutung gehalten. Nur das eine soll man nicht sagen: das[s] dies eine Utopie ist. Denn natürlich ist es heute[I] nicht aktuell, aber glauben Sie mir, ohne ein allgemeines Gefühl des Raums, in dem man sich befindet, kann man den allernächsten Gegenstand nicht erreichen!

Solche Versöhnungspolitik nach vorwärts zu unterstützen, würde ich jeden geistigen Menschen für verpflichtet erachten. Weiß man, daß es sich darum handelt, kann man der nationalen Beschränktheit im eigenen Lager entgegentreten. Kann man es auch tun, wenn es sich nicht darum handelt? Meine Meinung ist, daß Sie nach einiger Zeit schwer jemand dafür finden würden außer journalistischen Prostituierten, so daß die Zeitung bald uninteressant und einflußlos sein würde.

Ich hoffe, Sie nehmen mir meine Aufrichtigkeit nicht übel, aber ich denke, daß Sie in Prag schwer jemand finden werden, der ihnen so unbefangen die sich herausbildende Meinung zu sagen vermag. Ich bitte Sie, daß Sie mir ebenso aufrichtig antworten. Ich stehe mit einigen Freunden, vor allen wohl Robert Müller[78], zu Ihrer Verfügung, wenn Sie Aufsätze brauchen, die dieses Programm unmißverständlich dartun. Ich wäre auch bereit, die PP. und dieses Programm, falls es das ihre ist, in anderen Blättern zu verteidigen und von Mißdeutungen zu befrein. Aber natürlich müßten Sie mir dazu die absolut verläßlichen Grundlagen schaffen können. Geht das nicht, so kann es der wachsende Widerstand mir bald unmög-

I Hier durchstrichen: eine Utopie.

lich machen, Ihnen auf meinem Posten zu nützen, und ich glaube auch nicht, daß es ein andrer dann besser träfe.

Sie haben mich ersuchen lassen, häufiger zu schreiben, Wiener Brief udgl. Es war in der letzten Zeit nichts los, aber Sie haben in diesem Monat[79] schon drei Artikel[80] bekommen und der vierte[81] folgt dieser Tage; doch scheint es, daß einer davon (über die Uraufführung von Romain Rolland[82] nicht gedruckt worden oder verloren gegangen ist. Ich habe gestern Pick deshalb geschrieben[83] und werde, wenn sich der Aufsatz nicht findet, eine Kopie senden. Ich will auch gern wieder irgend eine Verulkung der Vorgänge hier schreiben, nur setzt das natürlich schon das Vertrauen voraus, von dem wir heute geredet haben, denn wenn man sich über seine eigene Heimat lustig macht, darf man natürlich in der Wahl der Gelegenheit nicht taktlos sein.

Es wäre gut, wenn Sie mir recht bald antworten wollten, denn ich werde aus Anlaß der Pfingstnummer mit manchen Leuten zusammenkommen.[84]

Mit den herzlichsten Grüßen Ihr aufrichtig ergebener

Robert Musil.

10. VI. [1921]

Sehr geehrter Herr Pick.

Ich sandte vor dem «Rax»-Artikel[85] einen über Rathenau[86]. Am gleichen Tag auch die «Schwärmer»[87]. Sind sie eingetroffen? Und hat der Rathenau vielleicht etwas in sich, das einen europäischen Konflikt auslösen könnte, weil er nicht erscheint?

Mit Gruß u Empfehlung

Musil.

Steinach[88], Tirol 17. VII. 21.

Lieber Herr Laurin

Ich versuche hier mit Kuhmilch und Almspaziergängen der [?] [I] Seele eine gewisse Kindlichkeit wiederzugewinnen und habe bereits einen geradezu dichterischen Grad vom Imbezillität erreicht, der mir das kritische Verständnis meiner Zeitgenossen sehr erleichtern wird.

Es grüßt Sie herzlich

Ihr
Muh-Muhsil.

[Adresse:]
Herrn Chefredakteur
Arne Laurin
Brunshaupten [II]
Mecklenburg
(Nachsenden: Prag, Jungmannova 21.)

5. X. 21.

Sehr geehrter Herr Laurin.

Ich bin sehr erfreut, daß Ihnen die Moissi Zeichnung[89] gefällt und werde Ihnen Robert Musil schicken, sobald er sich entschließt still zu halten.[90] Ein kurzer Aufsatz über Barbusse in Wien soll dieser Tage in Ihre Hände gelangen; wenn die einliegenden Zeichnungen sich zur Reproduktion eignen, könnten Sie sie vielleicht dazu brauchen. Es sind flüchtige Skizzen, die ich während des Kongresses gemacht habe. Wenn sie Ihnen nicht passen, bitte ich um Rücksendung.[91]

Mit den besten Grüßen

Ihre Martha Musil.

Viele herzliche Grüße!
Entfliehen Sie Hans Heinz Amadeus Reimer[92] und kommen Sie wirklich einmal hierher!

Ihr alter
Musil.

I Wort durch Stempel unleserlich.
II Von der Post durchstrichen und darüber geschrieben: 30/7 Prag.

[ca. 20. November 1921]

Sehr geehrter Herr Pick.

Anbei ein längerer Hauptmannbericht[93], es war mir nicht möglich damit früher fertig zu werden.[94] Wenn Sie ihn teilen müssen, so nach I.

Nächstens folgt etwas über die Moskauer[95] und der Beitrag für die Weihnachtsnummer.[96]

Herzliche Grüße an Laurin, vielen Dank für Ihre Mitteilungen und viele Grüße

Ihr sehr ergebener
Musil.

Adresse: Wien III
Rasumofskygasse 20.[98]

Reichenau[97], 15. Jänner 22.

Sehr geehrter Herr Pick.

Sonntag d. 16. d.[99] [I] abend findet im Burgtheater zur Molièrefeier[100] eine Aufführung des Eingebildeten Kranken mit Prolog von Hofmannsthal statt. Zur offiziellen Molièrefeier in[II] Paris reisen im Auftrag der Regierung Wildgans[101] und Auernheimer[102]. Zu dieser Wahl kann ich Ihnen verraten, daß namhaftere österr. Autoren den Auftrag abgelehnt haben wegen Nichtladung reichsdeutscher Vertreter.[103]

Ich sende Ihnen beide Nachrichten als Information zu Ihrem gut dünkenden Gebrauch. Ich selbst werde über diese Feiern nicht schreiben, weil ich unpassende Dinge äußern müßte. Über die Aufführung im Burgtheater werde ich gelegentlich des nächsten Berichtes einiges sagen, falls es künstlerisch dafürsteht.[104]

Ich bin Montag wieder in Wien und sende Ihnen dann einen Beitrag von Friedell[105] und einen hübschen Aufsatz aus Italien über Papini[106]; (im Vertrauen auf die Generosität des Verwaltungsrates, mir das Porto zu ersetzen!!)[107]

Mit den besten Grüßen

Ihr Robert Musil.

I Datum nachträglich über der Zeile eingefügt.
II Für durchstrichen: nach.

30. IV. 22.

Lieber Herr Laurin!

Ich sende hier zwei Aufsätze, die mir übergeben worden sind. Ganz gegen mein Prinzip, denn wenn mir der Verwaltungsrat das Porto streicht, kann man derart ruinöse Auslagen eigentlich nicht von mir verlangen.[108] Wenigstens sind die Aufsätze nicht gut, was mich tröstet.

Den über Balasz [109] möchte ich Sie aber doch zu bringen bitten, denn wenn ich Balasz auch nicht gerade so beschreiben würde, so ist er doch ein sehr wertvoller Autor und verdient nicht nur gewürdigt zu werden [110], sondern es erwirbt sich die PP. damit auch einen gewissen literarischen Vorsprung. Ein Porträtskizze meiner Frau liegt bei.[I]

Der andre Aufsatz hat den Privatdozenten der Wiener Universität Dr. Eugen Neresheimer [111] zum Verfasser. (IX. Borschkegasse 7.) und ist mit einer gewissen schwäbisch-akademischen Derbheit geschrieben, die nicht unsympathisch ist; auch stecken ein paar Ideen drin, die recht witzig sind. Natürlich ist er zu lang, aber ich habe den Eindruck, daß sich der Kern ganz leicht durch Streichungen herauslösen ließe. Ich wollte sie nicht selbst vornehmen, teils aus persönlichen Gründen, teils weil ich nicht weiß, wieviel gestrichen werden muß, damit die Konferenz von Genua keinen Schaden leidet.[112] Die Ausführungen über den Kommunismus, dachte ich mir aber, werden der PP. gefallen.

Lieber Herr Chef, die Verwaltung hat mir auch den Betrag für die vom Verwaltungsrat genehmigten Auslagen nicht geschickt, bitte lassen Sie sie dies nachholen. Sie sind nicht nach Wien gekommen, und ich werde fürchterlich mißhandelt; in jedem Abendgebet bitte ich Gott, mir entweder den Gehalt den Auslagen und der Teuerung entsprechend zu erhöhen oder den Verwaltungsrat zu vernichten, aber es ist bisher weder das eine noch das andre geschehn, welche Welt, meine Kritiken werden immer ernster!

Herzliche Grüße Ihr

Robert Musil.

ps. Ein Artikel von Fontana über mich und die seinerzeit urgierte dazugehörige Zeichnung liegen seit Monaten bei der Redaktion: darf ich den Grund wissen?[113]

I Dahinter gestrichen: der Redaktion.

[Nachschrift von Martha Musil:]

p.p.s. Einliegend 5 Zeichnungen.
Mit bestem Gruß

Martha Musil.

24. 5. 22.

Sehr geehrter Herr Pick.

Ich bitte Sie meinen Dank für den schönen Aufsatz von Fontana [114] entgegenzunehmen und auch Ihrem Chef zu übermitteln.

Meine Beiträge sind momentan, weil nichts los ist, etwas ins Stokken geraten, aber ich sende Ihnen in der nächsten Woche einen Theaterbericht [115], einen über Kunstausstellungen [116] und eine kleine Studie über das Schauspielerproblem [117]. Muß nur vorher einen prinzipiellen Aufsatz über Theaterfragen für den Neuen Merkur fertig machen.[118]

Einem on dit zufolge sollen Sie nächstens nach Wien kommen? Wann? Ich möchte nicht gern abwesend sein.

Mit den besten Empfehlungen Ihr

erg.

Musil.

[Adresse:]
Herrn Otto Pick
Prag
Jungmannova 21
Red. d. Prager Presse
[Abs.:] Musil Wien III Rasumofskygasse 20

17. 6.[119] [1922]

Sehr geehrter Herr Pick!

Wir werden uns sehr freuen, Sie zu sehn. Damit wir uns nicht verfehlen, bitte ich Sie, uns zum Kaffee das Vergnügen zu geben, etwa vier Uhr, an einem Tag, den ich Sie mir mitzuteilen bitte. (Nur Freitag den 23. bin ich nicht frei) Sollte es Ihnen nicht möglich sein, vorher zu schreiben, so bin ich jeden Montag ca 3^h im

Café Zentral[120] zu finden. Im Ministerium[121] bin ich schwierig zu erreichen, auch telefonisch nicht leicht.

Mit den besten Empfehlungen

Ihr Robert Musil.

p.s. Morgen geht eine Rezension ab.[122] Eine weitere folgt nächste Woche.[123]

[Adresse:]
Herrn
Otto Pick
Prag II.
Jungmanova 21
«Prager Presse» Redaktion.
[Abs.:] Dr. Robert Musil Wien III Rasumovskygasse 20. Tür 8.

[Kurz vor dem 25. Juni 1922][124]

Rudolf Olden[125] fährt zu den Festspielen nach Salzburg[126] und läßt fragen, ob Berichterstattung erwünscht ist. Würde außer Honorar nichts kosten.

Beste Empfehlungen

Musil.

Redaktion der PP.

8. Juli 1922.

Lieber Pan![127]

Ich habe schon meinem vorletzten Artikel ein Zettelchen für die Redaktion beigelegt, worin ich anfrug, ob die PP. Bericht von Olden, der nach Salzburg fährt, über die Festspiele wünscht; kostet nur Honorar. Da ich keine Antwort erhielt, erlaube ich mir die Frage zu erneuen.

Zweitens wünsche ich mir Gelegenheit, Sie zu sehn. Ich bin vom 16. d. bis 1. August in Berlin, [Berlin W. 50 Kurfürstendamm 233. bei Casper][128] I dann in irgend einem Seebad:[129] vielleicht lassen

I Die Adresse steht, von Martha Musil nachgetragen, am Kopf des Briefes.

sich unsre Wege da kreuzen? Wenn nicht, möchte ich auf der Rückreise, das ist Ende August oder Anfang September nach Prag kommen. Also teilen Sie mir bitte Ihre Zeit-Raum-Kurve mit. Da ich im Herbst noch einmal nach Berlin fahre, kann ich den Besuch auch verschieben.

Könnten Sie nicht den Sinzheimer [sic][130] Aufsatz über Fontana mit Zeichnung nun doch bringen lassen? Wäre mir sehr lieb.

Herzliche Grüße

Ihr alter
Musil.

15. Juli 1922.

Sehr geehrter Herr Pick!

Nehmen Sie aufrichtigen Dank für Ihre freundliche Karte und die sich in ihr ausdrückenden Bemühungen entgegen, ich erwarte mit Vergnügen die angekündigten näheren Nachrichten.[131]

Ich fahre heute nach Berlin, wo ich bis ca. 1. 8. bleibe, dann weiter an die See; Adresse während der ganzen Zeit: W 50. Kurfürstendamm 233, bei Casper.[132] Da ich jetzt mit dem Theater die Bühnenfassung bespreche[133], werde ich die Definitiva wohl bald senden können, so ich nähere Nachricht habe.[134] Ich bitte Sie auch, das Geld, welches Čapek[135] nicht sandte, mir an die Berliner Adresse zu schicken, weil es mir unangenehm wäre, wenn es in meiner Abwesenheit hier ankäme.

Bitte teilen Sie mir dorthin auch mit, was mit Laurin los ist, der meine Anfrage[136], ob ich ihn vielleicht an der See treffe, nicht beantwortet hat; amende ist er dann in meiner Nähe, ohne daß ich seine Adresse kenne.

Wie ergings in Italien?

Mit aufrichtigem Gruß Ihr
Robert Musil.

18. 9. 22.

Lieber Herr Pick!

Ich habe mit Herrn Laurin für Herrn Dr. G. Marcovaldi einstweilen[I] zweimal monatlich einen zusammenfassenden Theaterbe-

I Nachträglich eingefügt.

richt verabredet.[137] Ich soll Ihnen mitteilen, und Sie zu entschuldigen bitten, daß im September nur einer und zwar gegen Ende kommt, weil sich Herr M. erst hier installieren muß.[138]

Wie geht es Ihrem Auge?[139]

Grüßen Sie bitte Laurin herzlich und empfehlen Sie mich Herrn Vischer[140]

Viele Grüße

Ihr Robert Musil.

[Adresse:]
Herrn Redakteur
Otto Pick Prag
II Jungmannova 21
Prager Presse.

Wien, am 22. September 1922.

Sehr geehrter Herr Laurin!

Ich entnehme einem Brief Herrn Otto Picks[141] zu meinem Bedauern, daß Ihnen meine Übernahme eines Referats in der Bohemia[142] Unannehmlichkeiten bereitet haben soll, weil dies der Verwaltungsrat für einen Bruch meiner Verpflichtung[I] gegen die Prager Presse, die noch für den September gilt, ansieht.[143]

Zu meiner unliebsamen Überraschung mußte ich erkennen, daß ich mich tatsächlich aus Irrtum eines Fehlers schuldig gemacht habe; ich war des Glaubens, daß mir das Honorar stets nachwirkend ausbezahlt worden sei, woraus sich meine Annahme erklärt, daß meine Leistungsverpflichtung mit Ende August erlosch. Ich bitte Sie, dem Verwaltungsrat zu erklären, daß ich mich bereit finde, dem Blatte – vielleicht bei Gelegenheit einer Literaturbeilage oder sonst in einer mir möglichen Form – dafür ein Äquivalent zu bieten.[144]

Ich möchte dem allerdings hinzufügen, daß meiner Ansicht nach auch der Verwaltungsrat mir ein gewisses Entgegenkommen in dieser Angelegenheit schuldet. Denn wenn er im Recht ist, in meinem Irrtum einen Verstoß gegen den mit Ihnen geschlossenen Vertrag zu erblicken, dann muß er das gleiche in seinem eigenen Verhalten mir gegenüber tun. Die Weigerung, mir seinerzeit die bis dahin aus-

I Aus: Verpflichtungen.

bezahlten Spesen zu ersetzen[145], war eine Außerachtlassung der zwischen uns vereinbarten Bedingungen[146], deren materielle Tragweite mindestens ebensogroß ist. Ebenso einseitig ist der Verwaltungsrat vorgegangen, als er mir mit vierwöchentlicher Frist seine Bedingungen für meine weitere Mitarbeiterschaft vorzuschreiben unternahm[147]; eine *Form* des Vorgehens, die gewiß nicht am Platz war und meine weitere Haltung erklärt.

Hochachtungsvoll

Ihr ergebener
Dr. Robert Musil.

Privat.

Wien, am 22. September 1922.

Lieber Herr Laurin!

Neben dem Brief, der dem «Chefredakteur» gilt, möchte ich Ihnen noch mein ganz besonderes persönliches Bedauern aussprechen, falls ich Ihnen wirklich Unannehmlichkeiten bereitet habe. Es ist tatsächlich ein Malheur, daß Sie gerade zu Bett liegen mußten (abgesehn davon, daß ich es Ihrethalben bedaure) als der Verwaltungsrat seine Explosion hatte, denn sonst hätten Sie ihm doch gewiß gesagt, daß für die Übergangszeit, bis mir der VR. ein neues Angebot macht, der Ersatz durch Herrn Gaetano Marcovaldi als Stellvertreter vereinbart worden ist[I], wodurch meinem abrupten Weggehn von der PP. bereits die Spitze genommen war. Die Mitteilungen Picks machen den Eindruck, daß Sie bei Ihrem Plan, mich wieder der *PP.* zuzuführen, auf Schwierigkeiten stoßen, die nicht ganz durchsichtig sind.[148] Oder glauben Sie aus eigenem, in Ihren Versprechungen zu weit gegangen zu sein? Seien Sie versichert, daß ich von keinem meiner Freunde verlange, daß er sich meinethalben selbst Schaden zufügt, aber ein offenes Wort von Ihnen würde dem Abschluß der Angelegenheit das Einvernehmliche geben, das ich jetzt vermisse.

Was unsre Vereinbarung wegen Dr. Marcovaldi betrifft, möchte ich allerdings bemerken, daß er, durch mich veranlaßt, jetzt tatsächlich nach Wien kommt, was mich viel Geld kostet, das ich in Voraussicht der Dinge kaum hätte ausgeben können; es wäre mir

I Für durchstrichen: war.

daher angenehm, wenn es dabei bliebe, daß Dr. M. Ihnen zweimal monatlich einen Bericht schickt. Er kommt zwar nun nicht mehr im Sinn Ihrer ursprünglichen Absicht inbetracht [149], aber Dr. M. ist eine von mir völlig unabhängige Person und schreibt auch [I] in angesehenen literarischen Zeitschriften. Das einzige, was ich mit der Sache zu tun hätte, ist die [II] private Versicherung, daß ich für die Leistungen, die Sie von ihm zu erwarten haben, gutstehe.

Mit herzlichem Gruß und indem ich Sie bitte, mich Ihrer Frau Gemalin [sic] [150] zu empfehlen

Ihr
Robert Musil.

Österreichisches Staatsamt für Heereswesen.

Wien, am 22. September 1922.

Sehr geehrter Herr Pick!

Ich sende Ihnen beiliegend eine Kopie meiner Antwort an den Chefredakteur [151], die ihn, wie ich hoffe, der Verantwortung gegenüber dem Verwaltungsrat enthebt, die ich sehr bedaure, soweit ich daran schuld habe.

Als zweite Beilage lege ich ein Verzeichnis der Nummern der PP. bei, von denen ich Sie bitte, wenn es nur halbwegs möglich ist, mir noch 2–3 Exemplare zu verschaffen, da ich sie dringend brauche.

Herzliche Abschiedsgrüße [152]

Ihr
Musil.

I Hier durchstrichen: sonst.
II Hier durchstrichen: mit dieser.

23. September 1922.

Lieber Herr Laurin!

Falls Sie den Wiener Theaterbericht nicht Dr. Marcovaldi übertragen, würde ich Ihnen unter allen O. M. Fontana als den geeignetsten empfehlen. Ich kenne und schätze seine Kritiken schon seit langem.

Ich bitte Sie, diese Empfehlung absolut «reservat» zu behandeln, weil mich Andreas Thom [153] um eine Empfehlung ersucht hat, die ich demgemäß nur an zweiter Stelle abgeben kann.

Mit den besten Grüßen

Ihr
Robert Musil.

15. Jänner 1923

Berlin W 50. Kurfürstendamm
233, p. a. Casper

Lieber Herr Laurin!

Camill Hofmann [154] hatte die Liebenswürdigkeit, mir das Ergebnis eines Gesprächs mit Ihnen mitzuteilen und meine Zweifel über den Fortbestand Ihrer freundschaftlichen Gesinnung zu zerstreuen, womit er mir aufrichtige Freude bereitete. Er erzählte mir allerdings von Schwierigkeiten [155], die Sie befürchten, riet mir aber doch ziemlich hoffnungsvoll, selbst nach Prag zu reisen, um sie aus der Welt zu schaffen. Ich will dies tun.

Aber da ich hier in Verhandlungen wegen meiner zwei Stücke hänge [156], die sich schon seit Wochen hinziehn, und wenn sie auch in dieser Woche enden sollen, dennoch mich dessen nicht sicher sein lassen, weiß ich nicht, wann ich nach Prag kommen kann.[157] Ich denke, es wird im Lauf der nächsten oder übernächsten Woche sein und bitte Sie mir mitteilen zu lassen (ich schreibe heute in einer anderen Angelegenheit an Otto Pick [158]), ob ich Sie in dieser Zeit antreffe und eventuell die Möglichkeit habe, auch mit andren Herrn zu sprechen, die für eine Entscheidung in Frage kommen.[159]

Ich schreibe schon seit einiger Zeit nicht mehr die Theaterberichte für die Bohemia [160] und scheide Ende Februar wegen der Abbauaktion auch aus dem Ministerium aus.[161] Vielleicht bedeutet es einen Vorteil, daß ich nicht unbedingt an Wien hänge; ich trage mich sehr mit dem Gedanken, nach Berlin zu übersiedeln. Ich hänge auch nicht sehr am Theaterbericht, vielleicht läßt sich ein andres Gebiet finden. Sie sagten mir einmal, daß Sie gern eine gute wissenschaftliche Beilage hätten, und ich würde darin ausgiebige Möglichkeiten für meine Mitarbeit sehn. Könnte es sein, daß ich diese Beilage zT. selbst schreibe, zT. redigiere, so wäre es wahrscheinlich sogar möglich, etwas, das mich interessiert, mit einem genügenden Einkommen zu vereinen.[162]

Herzliche Grüße Ihnen und Ihrer Frau viele Empfehlungen

Ihr
Robert Musil.

Berlin. 19. Jänner 1923.

Lieber Herr Laurin!

Ich danke Ihnen für Ihren freundschaftlichen Brief und ersehe aus ihm die Größe der Schwierigkeiten. Selbstverständlich lasse ich unter diesen Umständen meinen Vorschlag fallen[163], der überdies nur eine Möglichkeit betraf, die mir gerade durch den Kopf gegangen war. Trotzdem würde ich großen Wert darauf legen, mich mit Ihnen persönlich über den ganzen Fragenkomplex aussprechen zu können, und wenn Ihnen meine Anwesenheit in Prag nicht geradezu unangenehm ist, möchte ich[I] die Rückreise nach Wien dazu benützen. Ich habe vor einigen Tagen Herrn Pick gebeten[164], mir ein Quartier zu besorgen, ohne ihn in den Zweck meiner Reise einzuweihn. Vielleicht haben Sie die Güte, ihn zu erinnern. Sollte ich aber Gefahr laufen, Sie nicht anzutreffen, müßte ich um Antwort bitten. Ebenso falls es Ihnen lieber wäre, daß überhaupt niemand von meiner Anwesenheit weiß; ich könnte dann ja Pick noch offiziell abschreiben.

Mit herzlichen Grüßen

Ihr
Robert Musil

W. 50. Kurfürstendamm 233, p a. Casper.

I Hier gestrichen: den [?].

Sehr geehrter Herr Pick.

Verzeihen Sie: ich mußte nochmals um 2 Tage verschieben; wir sind nun Sonntag mittags in Prag.[165] Bestimmt. Wenn irgend möglich, möchte ich noch am gleichen Tag Herrn L. sprechen.[166] Nachrichten erreichen mich bis[I] Freitag abend hier, Sonnabend in Dresden, Sibyllen Verlag, Frauenstraße 2 a.[167]

Herzliche Grüße

Ihr
Robert Musil.

Berlin, 28. Februar 1923.

[Adresse:]
Herrn
Otto Pick
Prag-Weinberge
Slézka 34

Wien III Rasumofskygasse 20. 11. III. 1923.

Sehr geehrter Herr Pick!

Um gleich den Anfang zu machen[168], da ich noch eine kleine Weile brauche, um mich auf das Übrige umzustellen[169], schicke ich hier eine Szene aus der[II] noch nicht veröffentlichten und überhaupt damit zum erstenmal gedruckten Komödie «Die Freundin bedeutender Männer»[170]

Herzliche Grüße

Ihr
Musil.

Inzwischen habe ich auch den ersten Versuch über ein aktuelles Thema beendet[171] und bitte Sie, beides Laurin vorzulegen, den ich vielmals grüßen lasse!

I Hier durchstrichen: Donnerstag.
II Korrigiert aus: dem.

Lieber Herr Laurin!

Ich hoffe, solche kleine Bemerkungen über aktuelle Ereignisse sind nicht unwillkommen.[172]

Herzliche Grüße! Robert Musil.

19. III. 23.

Könnte ich nicht 1 Belegexemplar oder überhaupt die PP. zugesendet erhalten, damit ich mich mit Längen usw. besser ins Bild setzen kann?

20. III. 1923.

Lieber Herr Laurin!

Ich habe das Beiliegende eigentlich für Kodiček[173] geschrieben, aber ich fürchte, daß es ihm zu lang ist, um es selbst zu übersetzen, und dann für mich nicht wieder zum Vorschein kommt, und als es fertig war, dachte ich mir, daß es vielleicht auch Ihnen passen könnte. Würden Sie die Freundlichkeit haben, wenn Sie es nicht selbst nehmen, es ihm zu schicken und sagen zu lassen, ich hätte es mit Mpten. für die PP. mitgeschickt und darum gebeten?

Sie stehn doch gut mit ihm: Könnten Sie ihm da nicht auch einmal ins Gewissen reden? Er ist ein reizender Mensch, aber ich kann nicht erreichen, daß mir die Tribuna mein Honorar schickt, trotzdem, glaube ich, schon 6 Sachen von mir gedruckt sind seit einem Halbjahr[174]; ich schrieb ihm vor ein paar Tagen und erhielt noch keine Antwort. Ich denke mir, daß er immer vergißt oder den Ärger mit der Administration scheut, aber die Wiener Preise sehn mich von oben herab an und ich muß Zeilen schinden wie ein Herakles.[175]

Die verlangte Ergänzung für die Kulturchronik sende ich nächster Tage. Es macht mir viel Spaß über dieses Divertissement von Wissenschaften zu schreiben und ich werde es gut machen. Nur im Anfang brauche ich ein wenig Nachsicht, bis ich mich in sämtlichen Bibliotheken Wiens[176], die ich dazu ja brauche, häuslich eingerichtet habe. Später wird das, was ich schicke, ganz allein schon eine wunderbare Kulturchronik sein.

Viele herzliche Grüße Ihr

Robert Musil.

p. s. Ich lege auch noch den Rest der naturw.-techn. Chronik bei
2 Blgn in 8 Blättern.

Charsamstag[177] [31. März 1923]

Lieber Herr Laurin!

Ich vergesse immer wieder, wie viele Festtage es in Österreich gibt, und so hatten die Bibliotheken gerade geschlossen, als ich zu Beginn der Woche meine «Chronik» über Religion und Philosophie fertig machen wollte, und öffnen erst kommenden Mittwoch.

Um die Pause zu füllen: diese Produktion am frei schwebenden Seil.[178]

Herzliche Osterwünsche!

Ihr
Robert Musil.

Lieber Herr Laurin!

Ach, noch kam vom mensis Martius nicht das Honorar!

Ihr
Robert Musil
scriptor honoraris causa.

Vindobona, 10. IV. MCMXXIII.

Wien 12. IV. 23.

Lieber Herr Laurin.

Mein Mann läßt Sie für diesmal um einen Scheck für Monat März bitten und wird sich dann bei der Živnostenska[179] ein č.Kronenkonto einrichten und bittet womöglich Anfang jedes Monats um das Honorar für den vorhergegangenen. (Sollte Ihnen die Živnostenska aus irgend einem Grund nicht passen, kann es natürlich auch bei irgend einer andern Bank sein.)

Eine «Kulturkronik» [sic] folgt nächster Tage mit einigen Begleitworten.

Mit den besten Grüßen für Ihre Frau und Sie

Ihre
Martha Musil.

[ca. 15. April 1923][180]

Lieber Herr Laurin!

Ich muß Sie leider noch einmal wegen des Honorars bemühn: am 14. April kam Ihr Brief, in dem Sie sagten, daß Sie das fällige Honorar gleich anweisen lassen werden; aber weder das Geld, noch eine Verständigung der Živnostenska[181] ist eingetroffen. Vielleicht ist bei der Bank in Prag[182] oder in der Administration[183] irgend ein Irrtum passiert?

Ihre hungernde Waise

Robert Musil.

Wien, III. Rasumofskygasse 20. 6. Mai 1923.

Sehr geehrte Herren!

Ich danke Ihnen für Ihre Einladung zur Mitarbeiterschaft[184], der ich gerne Folge leiste. Auch die Form regelmäßiger Kunstberichte wäre mir angenehm. Bevor ich mich jedoch für diese festere Bindung[185] entscheiden kann, wäre es mir lieb zu wissen, welches Honorar damit verknüpft ist.

Indem ich Sie bitte, mir dies noch mitzuteilen, bleibe ich in vorzüglicher Hochachtung

Ihr sehr ergebener
Robert Musil.

Wien III Rasumofskygasse 20. 10. Mai 1923.

Lieber Herr Laurin!

Ich muß Ihnen heute sehr ernst schreiben. Denn Sie haben sich wirklich großmütig erwiesen, vorbildlich in der Art, wie Sie in Prag auf meine Situation eingingen[186]; und ich bin unbescheiden, hoffe mehr zu sein, als man heute von mir glaubt; ich habe das Gefühl, daß wir zwei ein wenig coram publico der Geistesgeschichte handeln.

Lassen Sie uns also nicht an Kassieren und Hilfsregisseuren dieses Welttheaterspiels zuschanden werden![187] Ich schicke voraus, daß ich mein Möglichstes tue, um nicht ausschließlich von der P. P. leben zu müssen, aber es ist mir bis jetzt nicht gelungen. Dr. Blau[188] hat süße Worte, vielleicht auch guten Willen, aber bei bestem Willen kann er mich nicht verstehn, scheint es, so daß ich höchstens hie und da etwas an ihn schicken kann.[189] Und Kodiček, so reizend er ist, hat mir bis jetzt von 7 Beiträgen, die gedruckt worden sind[190], einen gezahlt und antwortet auf Anfragen nicht. Sie sehn also, daß mich die Welt vorläufig noch immer wieder auf Ihre Redaktionsschwelle legt, nämlich weglegt als Findling, wollte ich sagen. Nun würde das, was Sie mir zusicherten, mit allem was ich sonst auftreiben kann, ja gerade ausreichen, um mich über Wasser zu halten, bis noch irgend eine Hilfe dazu kommt, und ich könnte sogar ungefährdet meine Manuskripte dabei vorwärtsbringen, aber – nur, wenn es sich wirklich so durchführen läßt, wie es versprochen war. Was also sonst kleine Beschwerden waren, sind in dieser Situation fast Katastrophen, und ich bitte Sie, in diesem Sinn das Folgende zu beurteilen. Ich habe lange gezögert, Ihnen zu schreiben, weil ich weiß, daß Sie viel zu tun haben, aber vielleicht läßt sich alles mit einer Initiative in Ordnung bringen.

Da ist einerseits die Administration, die bis heute das fällige Honorar nicht geschickt hat, obgleich Sie es meiner Frau schon längst angekündigt haben.[191] [I] Vielleicht ist das eine allgemeine Eigenschaft von Administrationen, aber nach dem, was ich Ihnen eben erzählt habe, können Sie sich selbst die Wirkungen vergegenwärtigen, die es für mich hat. Ich erinnere mich, daß Sie von einem persönlichen Handfonds sprachen, aus dem Sie diese Beiträge honorieren wollten: sollte das nicht möglich sein, so doch vielleicht irgend ein Modus (Vorschuß?), der eine gewisse Regelmäßigkeit in die Termine bringt?

Die zweite Schwierigkeit liegt bei der Redaktion. Außer dem Aufsatz über Volksbildung[192] sind 2 Aufsätze von mir nicht erschienen u. zw. «Verbrecherisches Liebespaar»[193], das ich am 19. III. und «Der mathematische Mensch»[194], den ich am 30. III. geschickt habe. Ebenso von der Kultur-Chronik außer den Notizen, über deren Verbleib mich Herr Magr[195] aufklärte, die ganzen Einsendungen vom 22. IV. 2. V. und 5. V.[196] So wenigstens nach den Belegen zu schließen, die ich erhalten habe.

Nun zeigt sich (Ihr Vorschlag war: pro Monat: 1 erz. Sache f. Dichtung und Welt, 2 Feuill. x Lokalteilbeiträge, 2 Kulturchroniken), daß es mir schwer fällt, jeden Monat eine Dichtung zu haben,

I Hier durchstrichen: Ich habe.

mit Feuilletons weiß ich nicht voraus, ob es mir nicht so geht wie mit dem «Hieroglyphen»beitrag [197], den Sie nicht mehr nehmen konnten, und mit Lokalbeiträgen bin ich nicht flink genug. Die Hauptsache ist also die Kulturchronik, wenn ich auch das andre nicht außeracht lassen will. Ich muß davon 4mal monatlich schicken; das ist auch nötig, um halbwegs rund herum zu kommen. Ich glaube, daß das auch nirgends auf Widerstand stößt, und hoffe, daß es sich u. U. auf 5–6 steigern läßt. Da ich die PP. nicht zugeschickt erhalte, außer im Fall eines eigenen Beitrags, nur einmal wöchentlich ins Kaffeehaus gehn kann [198], und Hin und Herschreiben wenig praktisch ist, dagegen sehr nervös macht, möchte ich Folgendes vorschlagen:

Ich grase die Gegenstände, die Herr Magr mit mir vereinbart hat, der Reihe und dem jeweils erreichbaren Material nach ab und stelle komplete [sic] Chroniken zusammen, die möglichst als Ganze [sic] ins Blatt kommen. Muß trotzdem etwas davon zurückbleiben [199], so sehe ich es nach dem Beleg und beziehe es bei der nächsten Runde ein.

Voraussetzung dafür ist nur, daß Sie meine Sachen möglichst nicht mit fremden Beiträgen untermischen lassen, so daß ich meine Chroniken immer unter irgend einem Gesichtspunkt zusammenstellen kann, der sich mir gerade ergibt. Ich möchte das ausbaun und könnte die Zahl meiner Beiträge *steigern.*

Ich möchte nicht Herrn Magr dadurch beschäftigungslos machen, daß ich quasi meine Chronik selbst redigiere, aber 1. Bringen Sie ja glaube ich so viel, daß er ruhig einmal im Monat z b. Medizin von einem Mediziner machen lassen kann, während ich es das zweitemal unter meinem Gesichtspunkt mache, und 2. bin ich jederzeit imstand, wenn er fremde Beiträge hat, die keine komplete [sic] Chronik ausmachen, die Ergänzung zu liefern. Ich fürchte, er ist nicht immer meiner Meinung – wenigstens bin ich in dem, was er mir über die «Soziologie des Volksbildungswesens» geschrieben hat, nicht der seinen – aber ich darf wohl hoffen, daß ich Ihr Vertrauen genieße.

Bloß die Rubrik «Nationalökonomie» möchte ich abstoßen [200], da fühle ich mich nicht sattelfest genug, und was mich daran interessiert, kann ich unter Soziologie unterbringen. Wünsche und Bestellungen werden mir willkommen sein und «promptest effektuiert» werden, soweit es die großen Lücken in den Wiener Lesesälen zulassen.

So Gott will, ist dieser Schmerzensbrief der letzte; ich wäre lieber selbst nach Prag gefahren, wenn ich nicht so völlig abgebrannt wäre. Ich schäme mich, in diesem Zustand mich Ihrer Frau Gemahlin empfehlen zu lassen.

Mit herzlichem Gruß

Ihr
Robert Musil.

Wien 19. Mai 1923. III. Rasumovskygasse 20.

Sehr geehrter Herr Laurin!

Ich fühle mich Ihnen sehr zu Dank verpflichtet und freue mich sehr, Sie sprechen zu können.

Einstweilen [201] erlaube ich mir, noch eine Chronik zu senden [202]; falls die Unterbringung Schwierigkeiten bereiten sollte, empfehle ich Ihrer Aufmerksamkeit besonders die letzte Notiz «Flettner-Ruder», der unter allen Umständen ein gewisser Publikationswert zukommt. Auch lege ich eine Skizze bei.

Es wäre mir sehr lieb, da es bis zur [I] Neu-Ordnung der Angelegenheit noch ein Monat ist, wenn Sie mir a conto des bisher Erschienenen oder noch Erscheinenden ein paar hundert Kronen schicken ließen; falls es opportun ist, mittels Chek oder Geldbrief direkt an meine Adresse.

Ich kenne mich natürlich gar nicht aus; sollte Herr Mágr zu den bei ihm liegenden Notizen irgend eine Ergänzung wünschen, würde ich ihn um Mitteilung bitten; sonst habe ich das Gefühl, daß ich bis zur Regelung mit Einsendungen lieber [II] zurückhalten soll.[203] (= unlieber)

In aufrichtiger Ergebenheit

Ihr
Robert Musil.

I Hier durchstrichen: Ihrem Kommen. Das ‹r› an zu angesetzt. Über der Zeile eingefügt: Neu-.
II Über der Zeile eingefügt.

Wien, III, Rasumofskygasse 20. 10. Juni 1923.

Sehr geehrter, lieber Herr Laurin!

Hier die magischen Worte:

Dr. Stavnik [204]

De[r] Tag [205]

Dr. Hejda.[206]

Namentlich die beiden ersten sind geradezu Schicksalsbeschwörungen für mich, wie mir unerbittlich der Rechenstift zeigt.

Mein Aufsatz über die Elisabeth [I] Bergner [207] und eine Porträtskizze [208] liegen bei. Ich habe vergessen, Ihnen zu sagen [209], daß es mir aus Gründen des literarischen Prestiges natürlich lieb wäre, wenn solche Aufsätze, die ich mit Namen zeichne, höher honoriert würden als der xbeliebige zeilenhonorierte pseudonyme [II] Beitrag über das Derby [210]; mir ist aber dunkel, als hätten Sie gesagt, das ginge jetzt nicht [211]: dann möchte ich Sie um Stillschweigen darüber bitten, damit sich nicht andre Blätter das zunutze machen, die den Zusammenhang nicht kennen.

Es macht wohl nichts, wenn ich, um Porto zu sparen, meine journalistischen Ausgrabungen und Entdeckungen alle 8–14 Tage gesammelt schicke?

Nehmen Sie nochmals herzlichen Dank!

Mit vielen Grüßen

Ihr
Robert Musil.

Lieber Herr Laurin.

Kann ich außer den verabredeten Skizzen eine Zeichnung von Fritz Mauthner [212] (der schon *sehr* alt ist) und von «Wildgans» [213] schicken?

Ich richte morgen bei der Živno. – [214] ein gemeinsames Konto (Robert Martha Musil) ein.

Zur Erinnerung: Wassermann [215] ist noch nicht bezahlt.

Mit besten Grüßen

Ihre
Martha Musil.
verte

I Von Martha Musil nachträglich eingefügt.
II Statt durchstrichen: journalistische.

[zwischen 10. und 15. Juni 1923] [216]

Lieber und verehrter Herr Laurin!

Beiliegend 7 Notizen als erstes Wochenpensum.

Darf ich, was ich letzthin vergessen habe, bei dieser Gelegenheit an die Zusendung der PP. erinnern?

Ich bitte statt des sehr auffälligen ma. in Zukunft § oder ein noch weniger prätentiöses Sigel benützen zu dürfen, dessen Wahl ich der Redaktion anheimstelle.

Mit herzlichen Empfehlungen und Grüßen

Ihr
Robert Musil.

15. VI. [1923]

Verehrter Herr Laurin!

Ich werde alles tun, was ich kann, um den Aufsatz des liebenswürdigen und begabten Herrn Saudek [217] bei der Neuen Rundschau unterzubringen, welche die einzige Revue ist, mit der ich jetzt Verbindung habe, aber ich muß Ihnen gleich sagen, daß ich die Annahme für ganz unwahrscheinlich halte.[218] Denn vor allen Dingen ist der Aufsatz für den heutigen Papiermangel *viel* zu lang. Außerdem, fürchte ich, ist er viel zu biographisch-ausführlich im Verhältnis zu dem Interesse, das Březina heute in der deutschen Leserschaft findet; ein mehr die Werte darlegender als voraussetzender Aufsatz hätte günstigere Chance. Doch irrt man sich oft, und probieren geht über studieren.

Ich lege hier 3 [I] Notizen von großer Aktualität bei. Aber noch habe ich den Strom meiner Schöpfungen sich nicht ergießen gesehn? Allmächtiger Gott! (Das sind Sie) es werden doch nicht am Ende neue Schwierigkeiten mich verhindern meine täglichen ein bis zwei Insekteneier in die Spalten zu legen?? Es häufen sich ja schon Berge neuer bei mir zu Haus.

Könnte es nicht auch geschehn, daß Herr Mágr aus meinen lagernden Kulturchroniken ein oder zwei rasch veröffentlicht und den Rest der Notizen mir zurückschickt; oder was sich dazu eignet, in der Weise der jetzigen Notizen rasch einfließen läßt, ehe es ganz

I Korrigiert aus: 2.

veraltet. Ich habe gar keinen Überblick mehr[219], nur einen sehr heftigen Drang nach vorwärts.

Mit herzlichen Grüßen Ihr aufrichtig ergebener

Robert Musil.

Schwoners Buch[220] habe ich noch nicht erhalten. Wenn es mir nicht gelingt, Saudek zur Rundschau zu bringen, werde ich andre Wege suchen.

23. 6. 23.

Verehrter Herr Laurin!

Dr. Schwoner hat mich neulich interpelliert, ob ich sein Buch schon erhalten habe[221], und auch heute muß ich es noch verneinen.

Ich habe heute an Dr. Stavnik[222] geschrieben; Sie wollten so freundlich sein, das zu unterstützen. Bitte!

Zum Schluß – da ich wieder 6 Notizen beilege – mein tägliches Gebet: Herr! Wenn Du mich schon schreiben machst wie Marc Twain vom Melonenbaum und dem Gurkenstrauch[223], so verhindere wenigstens, daß von 3 Nummern der PP. mindestens 2 ohne diese herrlichen Beiträge erscheinen! Es ist nämlich immer noch so.

Mit herzlichen Grüßen

Ihr
Robert Musil.

Wien, am 13. Juli 23.

Verehrter Herr Laurin!

Ich habe den Bahr[224], wie Sie schon aus dem Brief meiner Frau indirekt gesehen haben werden, spurlos vergessen, was mir sehr leid tut, denn ich hätte gerne geschrieben, und nun ist es zu spät. Da Sie einen Ersatz haben[225], werden Sie es mir hoffentlich nicht schwarz anstreichen.

Ich fahre heute nach Berlin und von dort ein wenig zur Erholung irgendwohin. Zu erreichen bin ich p. a. Casper, W. 50, Kurfürstendamm 233. (Telf. Steinplatz 896). Ich hoffe, falls Sie doch in nördliche Gegenden kommen sollten, daß Sie mich verständigen, denn ich würde mich freun, Sie einmal «außer Betrieb» zu sehn.

Von den kleinen Notizen sende ich nächstens wieder einiges, um dessen Aufnahme ich Sie bitte; in der letzten Zeit habe ich das Prinzip primum vivere, deinde philosophari [226] sündhaft verkehrt.

Indem ich Sie bitte, mich Ihrer Frau Gemalin [sic] zu empfehlen, bleibe ich mit herzlichem Gruß

Ihr ergebener
Robert Musil.

[Adresse:]
Herrn Chefredakteur
Arne Laurin
Prag
II Jungmannova 21
«Prager Presse.»

Berlin [227], 7. September 1923.

Sehr geehrter Herr Laurin!

Die Angelegenheit mit dem «Tag»[228] beruht auf einem Versehn, das ich bedaure; es gelangte dieser Beitrag ohne meinen Willen anstelle eines andren nach Wien, mit dem er beim Kuvertieren verwechselt wurde. Ich würde Ihnen an seiner statt mit Vergnügen einen oder mehrere andre senden, die noch keines Menschen Auge erblickt hat. Aber leider vermag ich Arbeiten *dieser* Art, deren Gedrängtheit gerade den Reiz und die Schwierigkeit ausmacht, unmöglich für 60 h nach Zeilenzahl [zu] geben; Sie wissen, daß ich auf die materielle Verwertung meiner Arbeit sehr Rücksicht nehmen muß.

Nehmen Sie vielen Dank für die mit Ihrem anderen Schreiben erwiesene Liebenswürdigkeit! Ich weiß allerdings noch nicht genau, ob mir die Verhältnisse auch wirklich gestatten werden, davon Gebrauch zu machen, jedenfalls würden wir uns sehr freun, Sie und Ihre Frau Gemalin [sic] wiederzusehn.

Mit den besten Empfehlungen

Ihr aufrichtig ergebener
Robert Musil.

Wien, 10. November 1923.

Lieber Herr Laurin!

Sie haben mir mit Ihrem freundschaftlichem Brief viel Freude bereitet.[I] Ich war natürlich nicht bös, aber es freut mich, daß Sie das glaubten; denn ich nahm an, daß Sie im Wirbel Ihrer Geschäfte bloß keine Zeit fanden, an meine Sorgen zu denken, was ich auch begreiflich fand, aber nun sehe ich, daß Sie doch daran dachten.

Meine Frau ist eben dabei, Erzählungs- usw.[II] Material herauszusuchen [229] (von ihr soll ich Sie fragen, ob Sie für *Konstantin* [230] [III], Wegener [231], Herterich [232], *Weingartner* [233] [III], *Coudenhove* [234] [III] Verwendung hätten?), ich habe eine Besprechung von Schwoners Buch [235], die Sie seinerzeit wollten, angefangen und hoffe, sie in der kommenden Woche senden zu können. Außerdem Folgendes, das wie ich glaube, sich sehr gut in die P.P. schicken würde. Eine Wiener Abend-Zeitung [IV] hat mich aufgefordert über das Buch von Kretschmer, Körperbau und Charakter [236] eine Serie von Artikeln zu schreiben, diese könnten gleichzeitig in Prag erscheinen. Es wären 3–5 Aufsätze. Das Buch ist nicht neu, aber in Laienkreisen (es ist psychiatrisch) noch wenig bekannt und es läßt sich spannend wie ein Roman darüber schreiben. Das Motto ist ungefähr: Warum malt man den Teufel mager und gutmütige Männer dick? K. zeigt nun daß tatsächlich ein Zusammenhang zwischen Äußerem, Temperament, Geist usw. besteht und worin er besteht. Das Buch hat in der Psychiatrie Aufsehn erregt, ist aber ebenso interessant für den menschenbeschreibenden Schriftsteller, den Maler, den Schauspieler usw. Ich glaube, daß ich Ihnen damit etwas sehr Gutes vorschlage, das den Raum lohnt, den man opfert.

Von meiner Frau viele Grüße, empfehlen Sie uns bitte Ihrer Frau Gemalin [sic] und nehmen Sie herzlichen Dank und Gruß

von Ihrem ergebenen
Robert Musil.

I Punkt aus Komma.
II Nachträglich eingefügt: Erzählungs- usw.
III Diese Namen sind, wohl von der Hand Laurins, unterstrichen. Ebenfalls von Laurin dürfte die Notiz am Kopf des Briefes stammen: brief mir zurück.
IV Nachträglich eingefügt: Abend-.

p. s. Vielleicht bringt Pick die angenehme Nachricht, die ich gestern erhalten habe, daß die Truppe Berlin (Berthold Viertel[237]) meine Posse Die Freundin bedeutender Männer (von der eine Szene in der PP. erschienen ist[238]) im Lustspielhaustheater zur Uraufführung[I] bringt und mit den Proben bereits begonnen hat.[239]

Ich wäre auch dankbar, wenn die Notiz darangeschlossen würde, daß das Buch bei E. Rowohlt erscheinen wird.[240]

p. p. s. Ich lege – für alle Fälle – noch[II] eine Szene (von rot bis rot)[241] daraus[II] bei: Wenn Sie sie nicht veröffentlichen wollen, bitte ich um umgehende Rücksendung, weil ich das Mpt. brauche. Außer in der PP. ist noch nirgends etwas aus dem Stück veröffentlicht.[242]

[zwischen 10. und 17. November 23]

Lieber Herr Laurin,

Ich schreibe Ihnen nächstens ausführlich, sobald ich Zeit finde, den Aufsatz über Schwoner ins Reine zu schreiben.[243] Einstweilen vielen Dank für Ihre freundschaftliche Gesinnung und herzliche Grüße!

Ihr
Robert Musil.

Einliegend eine «Konstantin»[244] meiner Frau.

21. XI. 23.

Lieber Herr Laurin.

Ich sende Ihnen Coudenhove, die andern folgen dieser Tage.[245] Mein Mann läßt herzlich grüßen und für Ihren Brief danken. Die Autogramme[246] suchen wir für sie, sobald Annina[247] herkommt (im nächsten Monat), weil sie die einzige ist, die weiß, wo die alten Briefe zu finden sind.

Mit den besten Grüßen für Sie und Ihre Frau

Martha Musil.

I Nachträglich eingefügt: «Ur», ohne daß die Initiale von «Aufführung» geändert wurde.
II Nachträglich eingefügt.

[Nach dem 4. Dezember 1923]

Lieber Herr Laurin,

Einliegend eine Skizze von meinem Mann [248] und zwei Zeichnungen von mir. Steuermann [249], der am 14. in Prag gastiert, ist hier sehr bekannt. Die «Konstantin» [250] war in der Eile verwechselt, ich hatte diese ausgeführte Zeichnung für eine Revue bestimmt, wo mit Tiefdruck gearbeitet wird. – Wir waren zur Premiere der Komödie in Berlin [251], es war ein schöner Erfolg, Viertel führt sie auch in Prag auf.[252] Endlich sind auch die Schwärmer bei Viertel angenommen [253]; werden aber wohl erst in der nächsten Saison gespielt werden, weil sie lange vorbereitet werden müssen.

In der nächsten Woche wird Annina Briefe für Sie heraus suchen [254]; je kleiner die Wohnung, desto schwerer, etwas zu finden; wir ersticken unter Büchern, Notizen und Zeichnungen.

Mit herzlichen Grüßen von Haus zu Haus

Ihre
Martha Musil.

p. s. Könnten Sie mir nicht pro Zeichnung 50 čK. anweisen lassen? – Es rechnet sich viel leichter damit. –

5. I. 24.

Lieber Herr Laurin!

Können Sie die Zeichnung von Ernst Deutsch verwenden?

Wir haben die Briefe durchgesehen und finden leider wenige Korrespondenten, die Sie nicht schon besitzen dürften, darunter. Vielleicht aber [I] fehlen Ihnen in Ihrer Sammlung noch Briefe von Kerr, Schnitzler, Hausenstein, Th. Mann, Hofmannsthal, Polgar, Georg Kaiser, Hiller, Max Picard, Leo Matthias, – die Robert sich freuen würde, Ihnen zu schicken.

Mit den besten Grüßen von Haus zu Haus und den schönsten Wünschen für das neue Jahr

Ihre
Martha Musil.

I Nachträglich eingefügt.

III Rasumofskygasse 20. Wien 12. I. 24.

Lieber Herr Laurin!

Wir haben noch ein paar Sachen[255] mehr gefunden, und ich werde mich freun, wenn ich Ihnen damit dienen kann.

Mit herzlichen Empfehlungen und Grüßen

Ihr
Robert Musil.

Wien, III. Rasumofskygasse 20. 18. I. 24.

Lieber Herr Laurin!

Wenn ich über Coudenhove[256] schreibe, müßte es eine Weile dauern, weil ich im Augenblick ganz anderswo in Gedanken bin; auch stimme ich nicht mit ihm überein, wenigstens in manchen[I] Fragen[257]; und endlich sind die politischen, die es berührt, recht heikel und besonders in der PP. nur mit viel Überlegung zu behandeln: wenn Ihnen also nicht besonders viel daran liegt, daß gerade ich über ihn schreibe, so möchte ich es im Augenblick lieber nicht tun.

Ich sende Ihnen statt dessen eine kleine Erzählung, die aus meinem kommenden Buch herausgeschnitten ist, aber ganz gut für sich allein steht; sie ist bisher nur als Luxusdruck in 200 Exemplaren erschienen, also so gut wie jungfräulich.[258] Wenn Sie sie in der nächsten oder übernächsten «Dichtung und Welt» veröffentlichen, so werden Sie mir damit gleichzeitig den Dienst leisten, auf das Buch hinzuweisen, das im Lauf des Februar erscheinen wird.[259]

In der nächsten Zeit sende ich noch einige belletristische Sachen. Ich bin in einer augenblicklichen Geldknappheit und bitte Sie, mir umgehend 1000 čK. anzuweisen; ich habe Honorar gut für den Aufsatz «Wertphilosophie eines Outsiders» (Schwoner)[260] und für «Das Märchen vom Schneider»[II] [261]; hinzukommt die heutige «Geschichte einer Genesung»[262], und die Massary-Zeichnung[263] meiner Frau[III]; der Rest wäre ein Vorschuß, den ich bald durch belletristische, essayistische, eventuell auch theaterkritische Beiträge ab-

I Über durchstrichene: vielen.

II Zuerst hatte der Text gelautet: das «Märchen eines Schneiders». Bei der Korrektur und Einfügung von «Das» hinter dem Anführungszeichen wurde das erste «das» irrtümlich nicht gestrichen.

III Nachträglich eingefügt: und die Massary-Zeichnung meiner Frau.

tragen werde. Ich bitte Sie, mir seine Höhe bekannt zu geben; ich hoffe, daß ich Ihnen da keine Unbequemlichkeit bereite, Sie helfen mir aber aus einer Verlegenheit. Meine Possen-Komödie[264] ist in Berlin über 30mal en suite gespielt worden, und ich habe noch keinen Heller gesehn! Erlauben Sie mir, daß ich Ihnen ein Exemplar dieses Brunnens, der kein Wasser gab und dadurch Anlaß meines heutigen Pumpversuchs wurde, mit gleicher Post übersende. Es ist aber[1] in dichterischer Hinsicht nur ein Brünnlein, ein Jux, der Versuch, den Blödsinn des Theaters so auszudehnen, daß er Löcher reißt, durch die es einige ernstere Ausblicke gibt.

Mit der Bitte, uns Ihrer Frau Gemalin [sic] zu empfehlen, und herzlichen Grüßen

Ihr aufrichtig ergebener
Robert Musil.

25. I. 24.

Lieber Herr Laurin!

Nehmen Sie bitte freundlichsten Dank für das Geld entgegen, das heute eingetroffen ist. Ich stehe eben im Begriff, nach Brünn zu fahren, weil meine Mutter gestorben ist.[265] Ich bitte Sie, die Güte zu haben und dies auch Herrn Pick mitzuteilen, der einen Aufsatz über Bie[266] von mir erwartet, den ich unter diesen Umständen nicht werde schreiben können. Dagegen kommt in der nächsten Woche etwas über die Theater.[267]

Mit herzlichen Empfehlungen und Grüßen

Ihr ergebener
Robert Musil.

[Adresse:]
Herrn Chefredakteur
Arne Laurin
Prag
II. Jungmannova 21
«Prager Presse.»

1 Hier gestrichen: auch.

7. IV. 24.

Lieber Herr Laurin!

Ich hoffe, Sie sind mir nicht böse, obgleich der Schein gegen mich spricht,[I] Falsch; indem ich mir es noch einmal überlege, fürchte ich, Sie sind böse. Obgleich der Schein nicht gegen mich spricht. Denn ich habe gebeten, den Rest meines Vorschusses eventuell zurückzahlen zu können, weil mich die regelmäßige Berichterstattung zuviel Zeit kostet. Aber ich habe nicht gesagt, daß ich in besonderen Fällen nicht zur Verfügung stünde. Tatsächlich hatte ich auch im Fall der Reinhardt-Eröffnung schon alles Erforderliche vorgekehrt. Aber Herr Pick hat sich nicht an mich, sondern via Langstein[268] an Csokor[269] gewendet, und daraus ist dann via Langstein dessen Redaktionskollege Fontana[270] geworden. So daß ich meine Vorkehrungen wieder zurücknehmen mußte. (Es wäre am Tag nach der Eröffnung ein schriftlicher Bericht abgegangen)[II]

Ich habe nun freilich nichts gegen Fontana einzuwenden, denn, wie Sie sich erinnern werden, habe ich selbst ihn als meinen Nachfolger empfohlen, aber ich möchte[III] noch nicht totgesagt werden. Ich will Ihnen die volle Wahrheit sagen und hoffe, daß Sie diese mit dem Ohr des Freundes und nicht mit dem des Chefredakteurs hören; die Angst vor letzterem hat mich bisher der Aussprache ausweichen lassen. Sie wissen, daß die Honorare der deutschen Zeitungen derzeit fast so hoch wie im Frieden sind, und sie bieten mir nahezu die einzige Möglichkeit zu existieren. Nun wollte es ein glücklicher Zufall, daß kurz nach jenem krisenhaften Moment mich eine solche Zeitung um Theaterberichte bat, aber leider Gottes stellte sie die Bedingung, daß ich sie nur ihr allein geben dürfe. Da saß ich nun in einer Zwickmühle, aus der ich bis heute noch nicht heraus bin, aber herausstrebe. Da Sie solange keine Theaterberichte gebracht haben, nahm ich an, daß es Sie nicht eilen wird; andrerseits halte ich es ja leider für ausgeschlossen, daß Sie ein annähernd gleiches Honorar zahlen können oder wollen, so daß ich Ihnen den umgekehrten Weg, mich sozusagen auszulösen, gar nicht erst vorschlug, sondern den Erfolg meiner verschiedenen eingeleiteten Bemühungen abwartete. Und darüber scheint Zeit vergangen zu sein, wofür mir das Gefühl fehlte, da ich den Kopf auch sonst voll hatte. Seien Sie

I Komma wohl versehentlich statt Punkt.
II Der eingeklammerte Satz und der zuvor sind nachträglich eingefügt.
III Hier gestrichen: auch.

also nicht bös und bewahren Sie mir noch eine Weile Geduld; wenn letzteres aber nicht geht, sagen Sie es mir. Ich bin jedenfalls stets bereit, auch während der jetzigen Ungewißheit,[I] Ihnen in wichtigen Fällen [II] dienlich zu sein.

Mit herzlichen Grüßen

Ihr
Robert Musil.

Sehr geehrter Herr Laurin.

Mein Mann bittet mich Ihnen mitzuteilen, daß er sehr bedauerte [, daß er] Ihrem Wunsch Ihnen telephonisch einen Nachruf über das Ableben Robert Müllers [271] zukommen zu lassen, nicht erfüllen konnte; [III] weil er dabei ist einen längeren Aufsatz über Müller zu schreiben, den er Ihnen sofort schicken wird; er bittet auch, ihn umgehend zu veröffentlichen, weil er, um dem Andenken Müllers zu nützen, den Aufsatz auch in Berlin und Wien bringen will. Er ist jetzt beim Begräbnis.

Mit den besten Grüßen

Ihre
Martha Musil.

30. VIII. 24.

[Adresse:]
Herrn Chefredakteur
Arne Laurin
Prager Presse
Prag 2
Jungmannová 21
[Abs.:] Dr. Musil Wien III Rasumofskygasse 20.

Wien, 31. August 1924.

Lieber Herr Laurin!

Ich konnte den Wunsch nach telefonischem Nachruf nicht erfüllen, weil ich zwar rasch, aber doch nach allerhand Überlegungen schreiben wollte. Auch ist mir Robert Müllers Tod so nahe gegan-

I Nachträglich eingefügt: auch während der jetzigen Ungewißheit.
II Hier gestrichen: entweder selbst Ihnen.
III Hier gestrichen: Aus dem Grunde.

gen, daß ich lange meine Gedanken überhaupt nicht in Ordnung bringen konnte. Ich schicke nun diesen Versuch einer Würdigung auch an eine Wiener und Berliner Zeitung und weiß, daß Sie damit einverstanden sind, weil ich möglichst ausgiebig auf ihn aufmerksam machen will, seinethalben und wegen der Familie, die er in ärgster Unsicherheit zurückgelassen hat. Wenn der Aufsatz aber gleich gebracht wird, hat ihn die PP. als erste.

Mit herzlichsten Grüßen

Ihr
Robert Musil.

Wien, III. Rasumofskygasse 20. 10. Jänner 1926.

Lieber Herr Laurin!

Sie haben mich sehr durch Ihre freundliche Bereitwilligkeit erfreut, deren Ergebnis ich mit Interesse entgegensehe, wofür ich Sie schon jetzt bitte, meinen herzlichen Dank entgegenzunehmen.

Die Adresse von Gaetano Marcovaldi ist: *Roma, 25.* Via Sallustiana 1–a. (Wobei ich mir zu bemerken erlaube, daß er [sic] das Honorar, das nach Ihrer Mitteilung am 28. XII. – für den ersten Aufsatz[272] – abgesandt wurde, nach einer gestern eingetroffenen Nachricht noch nicht in seinen Händen war.)

Ich bin sehr froh, daß Sie mich nicht vergessen haben. Von mir dürfen Sie das auch nicht erwarten. Im Gegenteil, ich wollte Ihnen schon lange schreiben, weil ich vermutete, daß Ihre Geschäfte Sie doch hie und da nach Wien führen werden, und mich sehr freuen würde, Sie bei solcher Gelegenheit wiederzusehn. Aber es blieb beim Vorsatz, weil ich einen gigantisch langen Roman schreibe, auf den Rowohlt schon viele Hypotheken stehen hat, die ich mit erreichbarem Höchsttempo einlösen muß, so daß mir sozusagen nicht eine Zeile übrig bleibt, die ich anderweitig verwenden könnte.

Indem ich Sie bitte, mich Ihrer Frau Gemalin [sic] zu empfehlen, bleibe ich in aufrichtiger Ergebenheit

Ihr
Robert Musil.

20. Februar 1926

Sehr geehrter Herr Doktor,

ich bekomme soeben von Sektionschef Dr. Wirth[273] (Unterrichtsministerium) folgende Mitt[eilung:]

«In Sachen der Ausfuhr des Bildes[274] Dr. Musils habe ich festgestellt, daß das Denkmalsamt in dieser Sache keinen definitiven Standpunkt einnehmen konnte, da bisher -- obwohl Spediteur Neisser in Brünn darauf aufmerksam gemacht worden war -- die erforderliche Einreichung der entsprechend ausgefüllten vorschriftsmäßigen Blankette, welche um Ausfuhrsbewilligung ansuchen, nicht erfolgt ist.»

Ich glaube also, daß es jetzt nur von Spediteur Neisser abhängt, die Sache zu beschleunigen. Hoffentlich kommen Sie bald zu Ihrem Recht, Ihrem Geld und nach Prag.

Mit den besten Empfehlungen

Ihr ergebener
[Arne Laurin]

[Adresse:]
Herrn Dr. Robert Musil
Wien.

Wien, am 15. März 1926.

Sehr geehrter Herr Laurin!

Ich danke Ihnen herzlich für den letzten Brief, habe aber die Antwort verzögert, weil ich bis heute auf den Bescheid des Dr. Kramar[275], ob sich die Staats-Gallerie für das Bild interessiere vergeblich[I] gewartet habe. Ich denke, daß ich das aber jetzt einer Ablehnung gleichsetzen darf.

Den Brünner Spediteur (nicht Neisser, sondern Gerstner & Lindner) werde ich jetzt beauftragen, beim Denkmalsamt offiziell einzureichen. Ich lege Ihnen einen älteren Brief von ihm zur Einsicht bei, aus dem Sie die Abneigung des Denkmalsamtes gegen meine Angelegenheit ersehen können.

Ich hätte übrigens gar nichts dagegen, das Bild in der Tschechoslowak. Rep. zu lassen, wenn ich es dort verkaufen könnte.

I Hier durchstrichen: geantwortet.

Ich habe mich sehr gefreut, daß die PP. in der letzten Zeit meiner gedacht hat![276] Darf ich Sie auf meinen Aufsatz über Polgar[277] aufmerksam machen, der in der vorletzten Lit. Welt erschienen ist? Ich würde ihn nämlich gerne der PP. zur Verfügung stellen (in Mpt.), weiß allerdings nicht, ob ihn das Tagblatt ohne meine Zustimmung gekapert hat, was es schon einmal machte.

Mit den herzlichsten Grüßen

stets Ihr ergebener
Robert Musil.

ps. Ich komme übrigens wahrscheinlich noch im Vorsommer auf Ihren Grund und Boden, da mein Arzt für mich eine Kur in Karlsbad wünscht.

Wien, 1. IV. 1926.

Lieber Herr Laurin!

Noch ein Nachtrag, weil Sie auf mein Angebot des Polgaraufsatzes nicht geantwortet haben. Amende haben Sie es unnett von mir gefunden, daß ich Ihnen einen Nachdruck anbot?

Aber es war kein Versehen. Sondern: ich habe seit Jahr und Tag keine Zeitungszeile mehr geschrieben, weil ich (Roman) keine Zeit habe. Darum auch für die PP. nicht. Diesmal wars eine Zufallsarbeit, und also dachte ich mir: vielleicht besser als nichts!

Rebus sic stantibus aus unschuldigem Herzen

Ihr
Robert Musil.

ps. Wenn Sie aber in Zukunft etwas von mir in Zeitungen sehen sollten, dann beten Sie ein Vaterunser für mich, denn es ist immer ein Zeichen, daß ich mich in Geldverlegenheit befinde.

[Adresse:]
Herrn Chefredakteur
Arne Laurin
(Prager Presse)
Prag XII
Fochova 62

Wien, 8. April 1926.

Lieber Herr Laurin!

Der Polgaraufsatz ist leider zu lang, denn er hat sechs Maschinseiten, aber ich schicke nächstens etwas anderes.

Dagegen heute eine Berichtigung nach §§ ... Ihres Pressgesetzes. Denn die PP. brachte in der Nr. vom 7. d.[I] eine Anekdote, deren Verfasser der Herr Kalmer-Eckermann des Herrn Perutz ist und ich das Opfer.[278] Diese Perutzanekdoten (die gleiche stand auch in einem Wiener Blatt und ist in ihrer Art nicht die erste) wachsen sich langsam zu einer gemeingefährlichen Form des Eigenlobs aus, das so geschickt einem anderen in den Rücken plaziert wird wie die Eier der Schlupfwespen[II]; denn der eigentliche Autor ist natürlich Herr Perutz selbst. Ich hoffe darum, daß die Art meiner Abwehr Ihren Beifall findet.

Ich bestätige mit Freude Ihre letzten Zeilen und bleibe mit herzlichem Gruß

Ihr in Freundschaft ergebener
Robert Musil.

1 Blge.

I Statt durchstrichen: Osternummer.
II Hier durchstrichen: ich hoffe darum, daß die Art meiner Abwehr.

Palast-Hotel Kaiserhof
G. m. b. H.
Inh.: Gebr. Wünschmann
langjähr. Pächter
des Kurhauses und Strandhallen
Westerland Sylt
Italien: Hotel Belvedere, Bordighera

Bad Harzburg,
den 25. Juli 1926
Fernsprecher: Hotelruf 33,
Privat 98

Lieber Herr Laurin.

Ich reise am 30.[I] d. von Braunschweig nach Wien und würde den Weg über Prag nehmen und mich dort einen Tag aufhalten, wenn ich hoffen dürfte, Sie zu treffen. Bitte teilen Sie mir das telegrafisch mit. Adresse: Bad Harzburg, Palasthotel.

In großer Eile

viele herzliche Grüße

Ihr
Robert Musil.

[Adresse:]
Herrn
Chefredakteur Arne Laurin
Prager Presse
Prag XII.
Vinohrady Fochova

[Absender:] Palast-Hotel Kaiserhof G. m. b. H.
(vormals Hotel Ludwigslust)
Bad Harzburg
Dir. Gebr. Wünschmann

[Telegramm:]

chefredakteur laurin, prager presse prag
Leipzig 29 7 [1926] 10^{10}

gebt rendezvous eintreffe 16 h palacehotel = Musil +

I Korrigiert aus 31.?

5. VIII. 26.

Sehr geehrter Herr Laurin.

Ich sende Ihnen einliegend einstweilen vier Beiträge[279] von meinem Mann und ein Autogramm von Regina Ullmann.[280]

Mit herzlichen Grüßen von uns beiden

Ihre ergebene Martha Musil

Wien, III. Rasumofskygasse 20. 11. August 1926

Lieber Herr Laurin!

Vielen Dank für Ihr freundliches Schreiben und die Empfehlung nach Karlsbad. Was ich an neuen Sachen habe, schicke ich noch vor Ihrer Abreise, um für den Kuraufenthalt Schätze zu tesaurieren. Der Beitrag von den 14 Federn ist leider identisch mit der *kleinen Lebensreise*[281], die Sie schon gebracht haben; es war ein Versuch, den ich vor Monaten mit dem Berliner Vertrieb gemacht hatte,[I] und bis auf weiteres nicht wiederhole; da es sich nur um diese eine Skizze handelte, hatte ich das Ganze vergessen und[II] bin natürlich damit einverstanden, falls Sie diesen Beitrag lieber den 14 F. abnehmen und honorieren, andernfalls würde ich die Angelegenheit mit dem Vertrieb selbst ordnen. Ich freue mich, daß Sie jetzt endlich doch an eine Erholung denken können, und entnehme dieser Nachricht auch mit Vergnügen, daß Ihre Frau Gemalin [sic], der wir uns bestens empfehlen lassen, wieder ganz hergestellt ist!

Mit herzlichen Grüßen

Ihr aufrichtig ergebener
Robert Musil.

Ps. Ich weiß nicht, ob Sie Anteil an der Frage nehmen, wer Chefredakteur der Wiener Stunde[282] werden soll, obgleich ja Verlagszusammenhänge bestehen sollen: jedenfalls möchte ich Sie vollkommen (nämlich auch von seiner Seite) unbefugter Weise an Rudolf Olden[283] erinnern, der jetzt beim BT. ist, weil ich ihn schätze und nichts trauriger ist, als die Wiener journalistischen Mittelmäßigkei-

I Hier durchstrichen: wobei ich.

II Hier durchstrichen: bitte Sie deshalb, *diesen* Beitrag den 14 F. zu zahlen,

ten, die sonst zur [I] Macht [I] kommen könnten. Aber das bedarf keiner Antwort.

Herzlich

Ihr
M[u]s[i]l.

23. VIII. [1926]

Sehr geehrter Herr Laurin.

Ich sende gleichzeitig [II] separat (weil Sie vielleicht schon verreist sind) drei Beiträge meines Mannes [284] an die Redaktion und möchte Sie bitten das Honorar an eine Karlsbader Bank [285] [III] senden zu lassen und uns hauptpostlagernd zu verständigen, da wir noch keine Wohnung haben; wir fahren am 25. d.

Viel Vergnügen wünscht Ihnen

mit den besten Grüßen von
uns beiden Ihre
Martha Musil.

p. s. Mein Mann sagt, daß ich Sie zu sehr mit Beiträgen bombardiere; aber er hofft, es in Ihrem Interesse bald einschränken zu können.

(Einliegend ein Autogramm von Döblin) [286]

[Adresse:]
Herrn und Frau
Chefredakteur Arne Laurin
Prag XII
Fochova 62
[Abs.:] Musil Wien III Rasumofskyg. 20

I Statt durchstrichen: dahin.
II Nachträglich eingefügt.
III Hier durchstrichen: zu.

Karlsbad, 12. September 1926.

Sehr geehrter Herr Doktor! [287]

Ich danke verbindlichst für die ausführliche Auskunft. Ich sehe jetzt klar, wo unsere Auffassungen voneinander abweichen. Aber da ich nach der Beendigung der Kur über Prag zurückreise, will ich das lieber mündlich erörtern. Haben Sie bitte die Güte, die Mitteilung nachzuholen, wann Herr Laurin wieder zurück ist.

In vorzüglichen [sic] Hochachtung

Ihr ergebener
Robert Musil.

Wien, III. Rasumofskygasse 20. 15. X. 26.

Lieber Herr Laurin!

Ist mein Brief vom 29. IX.[I] verloren gegangen oder Ihre Antwort? [288]

Ich hätte Ihnen gern schon wieder Beiträge für die PP. geschickt, möchte aber erst in der Honorarfrage zur Klarheit kommen, da mein ganzes Arbeitsprogramm davon abhängt.

Bitte um ein Lebenszeichen, weil ich Ihre Liebenswürdigkeit auch noch wegen des Bildes in Anspruch nehmen muß.

Mit herzlichen Grüßen

Ihr
Musil.

[Adresse:]
Herrn
Chefredakteur Arne Laurin
Prager Presse
Prag XII
Fochova 62

I Nachträglich eingefügt: vom 29. IX.

29. Oktober 1926.

Lieber, sehr geehrter Herr Doktor,

wie ein Keulenschlag ist mir Ihr Brief vom 24. Oktober[289] in die Hände gekommen. Um es kurz zu sagen: Ich war perplex. Nicht nur Gesetze der Freundschaft, sondern vor allem Gesetze der Dankbarkeit, die ich zu Ihnen hege und die ich nicht vergessen werde so lange ich lebe hätten mich gezwungen auf diesen Brief nicht zu warten, sondern so rasch als möglich die Sache aus der Welt zu bringen.

Ich bin am 17. d. M. aus Paris zurückgekommen in eine Ordnung gegen die das ganze KPQU[290] ein Kinderspiel war, politisch alles zerrüttet, in der Redaktion ein Haufen unerledigter Sachen und das ganze Drum und Dran – ich war wie toll. Kurz, es war mir nicht möglich, beim besten Willen nicht, Ihre Briefe zu erledigen. Ich werde also nun meritorisch Ihre Angelegenheit behandeln.

Ich glaube es handelt sich um einen Hörfehler Ihrerseits. Zur Bestimmung unseres höchsten Honorares ist der Verwaltungsrat resp. das leitende Mitglied des Verwaltungsrates berufen. Ich kann nur Vorschläge machen, die bis auf zwei Fälle immer glatt abgelehnt wurden. In Ihrem Falle habe ich nicht auf den Verwaltungsrat gewartet, sondern selbständig das höchste Honorar d. h. Kč 200,– pro Spalte bemessen. Ich fühlte mich dazu nicht nur verpflichtet, sondern war auch vorbereitet die Sache koste es was es koste im Verwaltungsrat zu verfechten. Sie haben mich damals, ich erinnere mich ganz gut gefragt, ob es sich da um die Spalte oberhalb des Feuilletonstriches handelt, ich habe Ihnen ausdrücklich gesagt, daß es die gewöhnliche Spalte ohne Feuilleton ist, d. h. je nach der Schrift 80 bis 100 Zeilen. Ich habe das natürlich nur aproximativ gesagt, da ich die Zeilen noch nie berechnet habe, aber so ungefähr dürfte es schon stimmen.

Jetzt glauben Sie, lieber Herr Doktor, daß es ein böser Streich war, den man Ihnen da getan hat und es handelt sich, ich weiß es ganz bestimmt, um einen Irrtum Ihrerseits.

Ich lasse Ihnen eine Zusammenstellung Ihrer letzten Sachen zukommen, damit wir uns darüber klar sind, wie sich diese Frage jetzt regeln ließe. Mein Vorschlag geht nach wie vor dahin uns Zweitdrucke zu senden, die wir zu dem Honorar von Kč 200,– pro Längsspalte berechnen würden d. h. also eine Spalte gedrucktes Material. Es ist, wie ich Ihnen schon mitgeteilt habe, unser höchstes Honorar und ich hoffe, Sie werden angesicht[s] der Verhältnisse diesem Vorschlage zustimmen. Ich bitte Sie mir dies womöglich umgehend mitzuteilen, damit ich die intelligente Hälfte der Redaktion d. h. den Herrn Magr und Pick informieren kann.

Und nochmals, Ihr Brief war eine zu kalte Douche für mich. Sie müssen mich entschuldigen, denn ich lebe in solchen Verhältnissen, daß Sie sich kaum eine Vorstellung machen können und dabei handelt es sich in Ihrer Sache nicht einmal um ein Leben. Ich kann und werde nie vergessen, wie gut Sie zu mir waren in der sicherlich schwersten Zeit meines Lebens.

Bestens grüßend und der gnädigen Frau die Hand küssend verbleibe ich

Ihr treu ergebener
[Arne Laurin]

[Adresse:]
Herrn
Dr. Robert Musil
Wien III., Rasumofskygasse 20.

Wien, 3. November 1926.

Lieber Herr Laurin!

Ich danke Ihnen für Ihren Brief! Ich habe wirklich große Freude darüber gehabt und bedaure jetzt, Sie beunruhigt zu haben. Mein Brief war aber keine kalte, sondern eine *warme* Douche; wenn wirklich etwas Brausen darinnen gewesen sein sollte, was ich nachträglich nicht bis in jedes Wort abschwören kann, obgleich ich nicht daran glaube, so kam es aus der Gegend guter Empfindungen. Übrigens keine Rede davon, daß Sie mir Dankbarkeit schulden; wenn wir wägen wollten, wäre meine Schale schon viel leichter! Trotzdem fühle nicht einmal ich mich belastet. Und gerade das ist das Wertvolle. Die Qualität einer Beziehung ist wie die eines Menschen ein Gesamteindruck!!

Zur Sache selbst: Ich bin natürlich mit allem einverstanden, was Sie für notwendig erklären.

Wegen des Wachsmannbildes schreibe ich Ihnen in einiger Zeit, sobald ich annehmen darf, daß Sie aus dem Trubel heraus sind.

Viele Grüße von Haus zu Haus

Ihr herzlich ergebener
Robert Musil

p. s: Technisch hätte ich den Wunsch, daß meine Sachen womöglich über dem Strich gebracht werden oder jedenfalls nicht kompress, weil dabei mehr herausschaut. Es ist mir nicht ganz klar, ob die 200 cK. pro Spalte ein abgeleitetes Maß sind oder das Grundmaß; bei einem Zeilenhonorar von 2 cK. (wenn die Annahme seiner Existenz nicht auch in meinem Irrtum inbegriffen ist) käme ich nämlich [I] etwas besser weg, wie ich glaube.

[Adresse:]
Herrn Chefredakteur
Arne Laurin
Prager Presse
Prag XII
Fochova 62
[Abs.:] Robert Musil Wien III Rasumofskyg. 20

Wien, 20. XII. 1926

Lieber Herr Laurin!

Meine Frau hat vor ca. einer Woche zwei Beiträge gesandt, weil ich mit einiger Dringlichkeit Geld brauche. Einer ist für Weihnachten bestimmt, aber lassen Sie doch bitte auch den andern recht bald erscheinen.[291]

Wir wünschen Ihnen und Ihrer Frau Gemalin [sic] nochmals
Fröhliche Weihnachten!

Stets

Ihr
Robert Musil.

29. I. 27

Berlin. W. Kaiserallee 222
Pension Rinkel

Liebe gnädige Frau.

Wir hoffen, daß es Ihrem Mann schon wieder gut geht und daß er nur noch vorsichtig sein muß um sich nicht zu überanstrengen! Wir bleiben noch einige Zeit hier, weil mein Mann am nächsten Sonn-

I Hier durchstrichen: auch.

tag im Radio liest – und vielleicht noch länger. Er hat einen großen Erfolg mit seiner Rede auf Rilke gehabt; jetzt wird sie als Broschüre erscheinen.[292] Nach unserm stillen Wien scheint uns das Leben hier sehr turbulent, aber auch das hat einen Reiz.

Mit den besten Wünschen für Ihren Mann und herzlichen Grüßen für Sie beide Ihre

Martha Musil.

[Ansichtskarte:] Berlin Schauspielhaus

[Adresse:]
Herrn und Frau
Chefredakteur Arne Laurin
Vysoké Mýto
(Čechoslovakei)

2. Februar 1927.

Sehr geehrter, lieber Herr Doktor,

ich bin auf einige Tage nach Prag gekommen und fahre demnächst entweder auf die französische Riviera oder nach Sizilien, wo ich angeblich acht Wochen bleiben soll, wer's glaubt...

Hoffentlich erscheinen inzwischen recht viele Beiträge von Ihnen in der «Prager Presse». Ich bitte Sie sich nur immer an Herrn Redakteur Mágr zu wenden.

Mit besten Grüßen und Handkuß an die gnädige Frau bin ich, sehr geehrter, lieber Herr Doktor,

Ihr treu ergebener
[Arne Laurin.]

[Adresse:]
Herrn
Dr. Musil,
Berlin, W. Kaiserallee 222.
Pension Rinkel.

Berlin W.
v. d. Heydtstr. 16. hpt.[1] 30. III. 27

Sehr geehrter Herr Pick!
Diesem Beitrag[293], den ich Sie aufs beste zu honorieren bitte, lasse ich sehr bald zwei weitere folgen.[294] Wie geht es Herrn Laurin?
Viele herzliche Grüße

Ihr ergebener
Robert Musil.

Haben Sie meine Rilke Rede erhalten? Ich ließ eine Ihnen persönlich zugehen und außerdem ein *Rezensions*exemplar übersenden.

2. April 1927

Lieber Herr Doktor,
Pick ist wieder krank. Ich bin vollständig genesen wieder zu Hause, lasse Ihren Artikel[295] gleich absetzen und freue mich auf den versprochenen Artikel.[296]
In Eile die besten Empfehlungen an die gnädige Frau

Ihr treu ergebener
[Arne Laurin]

[Adresse:]
Herrn
Dr. Robert Musil
Berlin W
v. d. Heydstr. 16.

Berlin W. v. d. Heydtstraße 16. hpt. 11. IV. 27.

Sehr geehrter Herr Laurin!
Wir haben uns außerordentlich gefreut eine direkte Nachricht von Ihnen zu erhalten und beglückwünschen Sie und Ihre Gattin zu Ih-

1 Der Briefkopf in der Handschrift Martha Musils.

rer völligen Genesung. Hoffentlich hat sich auch Ihre Frau, nach der überstandenen Sorge, im Süden gut erholt und unterhalten und hoffentlich arbeiten Sie jetzt nicht gleich in gewohnter Weise, sondern betrachten sich noch ein klein wenig als Rekonvaleszent!

Robert sendet Ihnen [I] einliegend eine kleine Erzählung für die PP.–[297]; er fühlt sich hier ganz wohl und möchte gar nicht nach Wien zurück, aber es ist sehr schwer für ihn, so viel zu arbeiten, wie für das Leben hier notwendig ist.[II]

Wenn es Ihre Kräfte schon erlauben, möchte ich Sie an meinen Wachsmann [298] in Brünn erinnern, weil ich sehr dringend einen Käufer brauche. Viele Grüße und fröhliche, gesunde Ostern, Ihnen u Ihrer Frau!

Ihr
Robert Musil.
und Martha Musil.

[Adresse:]
Herrn Chefredakteur
Arne Laurin
«Prager Presse»
Prag XII
Fochova 62
[Abs.:] [M]usil. Berlin W. v. d. Heydtstr. 16. hpt.

26. April 1927.

Lieber Herr Doktor,

seien Sie mir bitte nicht böse, wenn ich Sie noch einmal ersuche mich über den Stand Ihrer Bildgeschichte ausführlich zu informieren. Ich möchte jetzt mit allen Kräften versuchen die Sache in Ordnung zu bringen, bin aber in der Zeit meiner Krankheit etwas pickisch geworden, habe meine Papiere irgendwo verlegt und kann sie nicht finden.

Sobald ich Ihre Informationen in der Hand habe, werde ich mich

I Hier durchstrichen: hier.
II Bis hierher ist der Brief von Martha Musil geschrieben.

bemühen die Situation zu klären resp. die Sache zum Abschluß zu bringen.

Inzwischen begrüße ich Sie herzlichst und verbleibe mit Handkuß an die gnädige Frau

Ihr treu ergebener
[Arne Laurin]

[Adresse:]
Herrn
Dr. Robert Musil,
Berlin W. v. d. Heydstr. 16

Berlin W. v. d. Heydtstr. 16. hpt. 16. V. 27.

Sehr geehrter Herr Laurin.

Ich möchte Sie an den Beitrag «Der Riese Agoag»[299] erinnern, (handgeschrieben) den ich vor etwa 3 Wochen geschickt habe und Sie bitten das Honorar dafür und für den vorigen (Geschichte aus drei Jahrhunderten)[300] noch in diesem Monat schicken zu lassen, weil wir ab 1. Juni wieder eine andre Adresse haben werden.[301] Hoffentlich geht es Ihnen *sehr* gut!

Mit den besten Grüßen für Sie und Ihre Frau

Ihre
Martha Musil.

Herzlichen Gruß!
Ihr
Musil.

Berlin W 30. Motzstrasse 20. 15. Juni 1927.
bei v. Puttkammer.

Lieber Herr Laurin!

Ich sende zwei Beiträge.[302] Bitte möglichst bald das Honorar, mit Beachtung meiner neuen Adresse!

Mit herzlichen Grüßen Ihrer Frau Gemalin [sic] und Ihnen

Ihr unseliger Besitzer eines Wachsmann-Bildes
Robert Musil.

[Adresse:]
Herrn Chefredakteur
Arne Laurin
Prager Presse
Prag XII
Fochova 62
[Abs.:] Robert Musil Berlin W. Motzstrasse 20 bei v. Puttkammer

Berlin W 30. Motzstrasse 20. 17. Juli 1927.
bei v. Puttkamer.

Lieber Herr Laurin!

Das Prager Tagblatt hat wieder einen Aufsatz von mir abgedruckt[303], ohne mich zu fragen; ich weiß selbst nicht welchen, habe bloß freundlich ein zu geringes Honorar erhalten. Es wäre gut, wenn Sie feststellen ließen, ob es ein Aufsatz ist, den ich Ihnen geschickt habe, und in diesem Fall beim Tagblatt gegen das Vorgehn protestierten. Ich schreibe natürlich auch der Redaktion, der ich schon vor einem Jahr diese Willkür untersagt habe.

Ich habe lange nichts von Ihnen gehört. Vielleicht ist ein Brief verloren gegangen, denn zuletzt hatte ich Sie zwar [I] wieder einmal mit meinem Wachsmann[304] beschwert, nehme aber an, daß Sie darauf geantwortet haben würden, auch wenn nichts zu machen gewesen wäre.

Ich werde wahrscheinlich dieses Jahr wieder nach Karlsbad fahren, vielleicht sogar sehr bald; [II] ich muß allerdings noch den Arzt

I Nachträglich eingefügt.
II Hier durchstrichen: wenngleich.

fragen. Ich wollte mir von einer Wiener Zeitung einen Legitimationsbrief als Journalist geben lassen; dagegen Sie fragen, ob Sie das Gleiche für (Ihren Mitarbeiter und meinen Stiefsohn) Dr. Gaetano Marcovaldi aus Rom [I] tun möchten, mit dem ich mich dort treffen will? [305] Nun ist die Verbindung mit Wien aber unterbrochen, und ich bitte Sie für alle Fälle auch für mich und meine Frau (Zeichnerin) [II] um diesen Fetman.

Ich würde mich sehr freuen, Sie gelegentlich dieser «Bäderreise» zu sehen. Mit herzlichen Grüßen von Haus zu Haus

Ihr
Musil.

p.s. Laut Zahlkarte des PT. ist der Artikel am 23/5. erschienen. Ich verlange Kč 200 als Honorar dafür; sollten Sie also jemand vom BT. sprechen, so sagen Sie bitte nichts über das Honorar, das ich für Sie liquidiere

Berlin W. Motzstr. 20 bei Puttkamer 24. VII. 27

Sehr geehrter Herr Laurin!

Schönsten Dank für die Legitimationen – (wir werden doch erst in der Nachsaison nach Karlsbad gehn, weil es jetzt sehr voll und rasend teuer ist) – und die Honorarsendung! Hoffentlich geht es Ihnen und Ihrer Frau gut und sind [III] die andern Kranken in der Besserung; – was haben Sie für Sommerreisepläne?

Mit herzlichen Grüßen von Haus zu Haus

Ihre
Martha Musil.

p. s. Einliegend 1 Beitrag.[306]

I Nachträglich eingefügt (von Martha Musil): aus Rom.
II Nachträglich eingefügt: und meine Frau (Zeichnerin).
III Über der Zeile eingefügt.

Berlin, am 13. Dezember 1930.

Sehr geehrte Redaktion! [307]

Durch den weiten Raum und die umsichtige Behandlung, deren die Prager Presse die Rubrik Kultur der Gegenwart gewürdigt hat, ist sie zu einem der besten Informationsorgane in diesen Fragen geworden, und das besondere Interesse, das sie den slawischen Literaturen zuwendet, füllt geradezu eine Lücke aus.

Hochachtungsvoll

Robert Musil.

Briefe an Robert Musil aus dem Archiv Arne Laurins in Prag

Im Privatarchiv Arne Laurins fanden sich auch neun Schreiben *an* Robert Musil.

Im Hinblick auf die Biographie des Dichters lassen sich diese neun Schreiben in vier Gruppen gliedern:

I. Nr. 1 und 2, beides Briefe aus dem Jahre 1906, dem Erscheinungsjahr der ‹*Verwirrungen des Zöglings Törleß*›, beziehen sich auf dieses Buch. Der Brief von Alfred Kerr ist ein authentischer Beleg für die von Musil wiederholt bezeugte Bedeutung, die gerade dieser Autor für seine literarischen Anfänge gehabt hat.[1] Der Brief von Paul Wiegler ist die Antwort auf jenen Musils, dessen Entwurf Adolf Frisé GW III, S. 723 f. veröffentlicht hat.[2]

II. Eine weitere Gruppe bilden zwei Ansichtskarten aus dem Jahre 1914 (Nr. 3 und 4), die mit Musils Tätigkeit als Redakteur der *Neuen Rundschau* in Zusammenhang stehen.[3]

III. Die beiden Briefe der dritten Gruppe (Nr. 5 und 6) fallen in die Monate des Jahres 1918, in denen der k. k. Landsturmhauptmann Dr. Robert Musil als Leiter der Redaktionellen Abteilung des Kriegspressequartiers mit der Herausgabe der Zeitschrift *Heimat* beauftragt war.[4]

IV. In den drei Briefen der vierten Gruppe (Nr. 7, 8, 9) schließlich spiegelt sich Musils publizistische Tätigkeit während der Nachkriegs- und Inflationszeit.

1. Alfred Kerr an Robert Musil (Brief mit Briefumschlag)

[Adresse:] Herrn Robert Musil
S. W.,[5] Tempelhofer Ufer 25[6] oder 35[7]

Lieber Herr Musil,
ich bedaure sehr, daß Sie mich verfehlt haben. Ich bin jetzt so vielfältig in Anspruch genommen, daß von regelmäßigem Zuhausesein noch weniger die Rede ist; ich kann also nichts Allgemeines bestim̄en, bitte Sie aber diesen Mittwoch[8] um 3 Uhr, wenn Sie Zeit haben, mich aufzusuchen oder (wenn Sie vorher Korr.-Bogen[9] bekommen) sie mir durch die Rohrpost zu schicken. Die Rücksendung ist nicht s o eilig, wie es die Druckereien gewöhnlich hinstellen. Ich würde gern Ihr Buch vor dem Druck durchsehn und Sie, wenn auch in Hast und Zerstreutheit, sprechen.

Herzlich grüßend
Ihr
Kerr

5. Febr 06.

2. Paul Wiegler an Robert Musil (Brief mit Briefumschlag)

[Adresse:] Herrn Robert Musil
Berlin W
Hohenstaufenstr. 50

Leipzig-R., 23. XII. 06[10]
Dresdner Straße 51

Lieber Herr Musil,
Meine herzlichste Gratulation zuvor!
Ich muß Sie wegen meines Schweigens vielmals um Entschuldigung bitten, aber es hatte keinen anderen Grund als den, den Sie selbst durch Ihren Nachsatz schufen.[11] Und seien Sie bitte nicht ungehalten, daß ich Ihnen heute allerdings über einen Gesamteindruck Ihres Buches noch nichts berichten kann. Ich war hier zu sehr im Drange, und hiezu kommt, daß meine Übersiedlung nach Berlin unmittelbar bevorsteht. Ab 1. I. werde ich Feuilletonist der «B. Z. am Mittag» sein.[12] Sie begreifen, wie gross meine Belastung und meine

Eile ist. Ich werde mich in wenigen Tagen melden! Nehmen Sie bitte inzwischen meine aufrichtigen Grüsse an und seien Sie versichert der Ergebenheit

Ihres
Paul Wiegler

3. Peter Baum[13] *an Robert Musil (Ansichtskarte: Kurhaus Pieskow, Scharmützelsee)*

[Adresse:] Herrn Dr. Robert Musil
p. A. Neue Rundschau
Berlin
Bülowstraße[14]

[Poststempel:] Fürstenwalde (Spree) 13. 4. 14.

Sehr geehrter Herr Dr. Musil!

Es wäre uns sehr erfreulich, wenn Sie uns diesen 15ten (Mittwoch) besuchten, 7 Uhr nachmittags.

Mit herzl. Gruß
Ihr ergebener
Peter Baum
Grunewald, Orberstr. 18

4. Emil Alphons Rheinhardt[15] *an Robert Musil (Ansichtskarte: Dubrovnik-Luka Ragusa-Porto)*

[Adresse:] Herrn Dr Robert Musil [August 1914] [I]
Redakteur der Neuen Rundschau
Berlin-Charlottenburg
Mommsenstraße 64 [16]

S.[ehr] v.[erehrter] H.[err] Dr. Wenn die mir zugesagten Bücher noch nicht abgesandt sind, bitte ich sie in den nächsten Tagen 8–10 Tagen an: K. k. Landwehrmarodenhaus in Gravosa (Dalmat.) später: Hôtel Odak, Ragusa zu senden.

In Herzlichkeit Ihnen ergeben

Ihr
Rheinhardt

I Der Poststempel der undatierten Ansichtskarte ist unleserlich, doch dürfte sie bereits nach Kriegsausbruch geschrieben worden sein.

5. Josef Ritter von Pogačnik[17] *an Robert Musil (Brief mit Briefumschlag)*

[Adresse:] Hochwohlgeboren
Herrn kk. Hauptmann
Robert von Musil
Wien II
Untere Donaustraße 29
K. u. K. Kriegspressequart. Red. Gruppe[18]

[Poststempel:] Wien Reichsrat 6. VI. 18

ABGEORDNETENHAUS

Euer Hochwohlgeboren!
Zu einem dreitägigen Aufenthalte hier eingetroffen, habe ich Ihren Brief vorgefunden. Da ich leider noch heute wieder abreisen muß, werde ich mir erlauben seinerzeit Wiederankunft bekannt zu geben.

Hochachtungsvollst
Jos. R. v. Pogačnik

Wien, am 6. Juni 1918.

6. Franz Blei an Robert Musil (undatierter, nicht durch die Post beförderter Brief mit Briefumschlag)

[Adresse:] Dr. Robert Musil
Florianigasse 2
Wien VIII[19]

[ca. August 1918]

Lieber Freund,
ich habe Müller'n[20] nur Vorschläge gemacht und seine sehr grosse Geneigtheit in Empfang genom̄en, – nichts weiter! Wichtig ist, daß der Name Sum̄a[21] beibehalten wird, nicht weil er schön oder sinnvoll ist, sondern um die unter dem Namen geleistete Arbeit und den damit gewonnenen Interessentenkreis auszunützen. Das Teuerste ist ja im̄er die Einführung und diese Kosten erspart sich jeder neue Verleger nicht nur, sondern er erwirbt u m s o n s t eine schon vorhandene eingeführte Sache. Das Programm der Sum̄a «Steigerung

und Vertiefung des Wertgefühles» ist ja weit genug. Und von einer irgendwie kirchlichen Einbiegung ist ja nicht die Rede, im Gegenteil!

Der Arzt war da. Dienstag bin ich wieder vormittag im Amt.[22] Aus der Schweiz sind nur vier Einladungen da, drei erwarte ich noch, die unterwegs sind.[23] Ende September soll es los gehn.

Hier etwas für die Heimat.[24]

Herzlich

Ihr

F Blei

7. Eduard Trautner an Robert Musil (Brief ohne Briefumschlag)

DER WEG [25] [Herbst 1921]

München [26], den ... 19
Fasanenstr[aße] 13.

(Schriftleitung)
Charl[otten]b[ur]g.[27]

Lieber Herr Dr. Musil!

Ich habe Ihre Wünsche bei Kiepenheuer bestellt und hoffe, daß es erledigt wird. Ich werde mich nochmals erkundigen. Ich glaube Ihnen Haft [28] bereits gegeben zu haben. Wollen Sie «Nacht»[29] lesen?

Mit besten Wünschen

Ihr
E. Trautner

8. Wilhelm Hausenstein an Robert Musil (Brief ohne Briefumschlag)

GANYMED

JAHRBUCH FÜR DIE KUNST

HERAUSGEGEBEN VON JULIUS MEIER-GRAEFE
GELEITET VON WILHELM HAUSENSTEIN
VERLAG DER MAREES-GESELLSCHAFT R. PIPER & CO
MÜNCHEN

REDAKTIONELLE ZUSCHRIFTEN SIND AN DIE PERSÖNLICHE ADRESSE DES LEITERS ERBETEN (DR. WILHELM HAUSENSTEIN, MÜNCHEN, ODEONSPLATZ 14) GESCHÄFTLICHE AN DEN VERLAG, RÖMERSTRASSE 1.

MÜNCHEN, ODEONSPLATZ 14[30]
Montgelasstr. 8/I r.
DEN 12. 3. 22.

Verehrter Herr Musil,
ich bin auf meine letzten Zeilen ohne Antwort: ich möchte Sie nochmals bitten, doch ja Ihres Beitrags für den Ganymed[31] eingedenk zu sein. Bitte schön, schreiben Sie mir, bis wann ich ihn haben werde? Ich freue mich so sehr darauf.
Mit verbindlichem Gruß!

Ihr ergebener
Hausenstein

9. Kurt Hiller an Robert Musil (Brief ohne Briefumschlag)

Verehrter lieber Dr. Robert Musil!
Nach mehrjähriger Unterbrechung erscheint im Spätherbst wieder ein Band meiner «Jahrbücher für geistige Politik», ein Band «Ziel».[32] Der Nebentitel wird vermutlich «Die Neue Partei» lauten – was ich mit der Bitte um Diskretion mitteile –,[33] und es würde hierunter nicht die Proklamation einer Gründung, sondern die Manifestation einer Gruppe verstanden sein; einer Gruppe, die humanistisch-politisch eingestellt, mit sämtlichen Parlamentsparteien daher unzufrieden, aber auch voller Verständnis dafür ist, dass sich künstlich, mechanisch eine neue Partei nicht herstellen lässt (am wenigsten im Augenblick), und die daher nur ein heuristisches Prin-

zip für die Idealpartei zu entwickeln, ein S y m b o l zu stabilieren bestrebt sein darf. Als eben dieses Symbol stelle ich mir die «Ziel»-jahrbücher vor.

So intransigent ich in meinen persönlichen philosophisch-politischen Meinungen immer war und sein werde, so philiströs erschiene es mir als Herausgeber, mein Jahrbuch im Sinne eines engen Schulendoktrinarismus zu redigieren. Ich fordere deshalb nicht nur Aktivisten des engsten Kreises (welcher übrigens, unter uns, s e h r eng ist!), sondern diejenigen Persönlichkeiten zur Mitarbeit auf, die mir als die r e p r ä s e n t a t i v e n H u m a n i s t e n d e s z e i t g e n ö s s i s c h e n D e u t s c h l a n d erscheinen. Viele sind das ohnehin nicht!

So begründet es sich, dass ich S i e, verehrter Musil, herzlichst um Mittun bitte.[34]

Sie werden selbst gut wissen, welches von den Problemen, die Sie gegenwärtig beschäftigen, in den «Ziel»zusammenhang passt; vielleicht machen Sie mir auch ein paar t h e m a t i s c h e V o r s c h l ä g e.

Ich müsste das (6–8 Druckseiten lange) Manuskript allerdings bis zum 30. Juni in meinem Besitz haben, damit das Buch pünktlich erscheinen kann. Die Beiträge werden relativ anständig honoriert; vor allem: indexlabil. Bei kleineren Beiträgen 2 Mark die Seite, multipliziert mit der Bücher-Schlüsselzahl (die heute 3000 beträgt); bei umfangreicheren: leichte Abrundungen nach unten.

In kameradschaftlicher Verehrung und erwartungsvoll

Ihr ergebener
Kurt Hiller

z. Zt.: L a n g e n a r g e n
am Bodensee
(Württemberg)
15/V. 23

Anhang

Verzeichnis der verwendeten Abkürzungen

BPB I	Kurt Krolop, Robert Musils Beiträge für Prager Blätter I. In: Germanistica Pragensia II (= Acta Universitatis Carolinae, 1962 Philologica I). S. 55–74.
BPB II	Kurt Krolop, Robert Musils Beiträge für Prager Blätter II. In: Germanistica Pragensia III (= Acta Universitatis Carolinae 1964, Philologica I). S. 13–28.
DML	Kürschners Deutscher Musiker-Kalender 1954. Zweite Ausgabe des Deutschen Musiker-Lexikons (1929). Herausgegeben von Hedwig und E. H. Mueller von Asow. Berlin 1954.
DÖLG	Deutsch-Österreichische Literaturgeschichte. Herausgegeben von Johann Willibald Nagl, Jakob Zeidler, Eduard Castle. 4 Bände. Wien 1897–1937.
DZB	Deutsche Zeitung Bohemia, Prag.
GW I	Robert Musil, Der Mann ohne Eigenschaften. = Robert Musil, Gesammelte Werke in Einzelausgaben, Herausgegeben von Adolf Frisé. Band I. Hamburg 1952.
GW II	Robert Musil, Tagebücher, Aphorismen, Essays und Reden. = Robert Musil, Gesammelte Werke in Einzelausgaben. Herausgegeben von Adolf Frisé. Band II. Hamburg 1955.
GW III	Robert Musil, Prosa, Dramen, späte Briefe. = Robert Musil, Gesammelte Werke in Einzelausgaben. Herausgegeben von Adolf Frisé. Band III. Hamburg 1957.
Kosch, Theater-Lexikon	Deutsches Theater-Lexikon. Biographisches und bibliographisches Handbuch von Wilhelm Kosch. Klagenfurt und Wien 1953 ff.
LSL	Lexikon sozialistischer deutscher Literatur. Von den Anfängen bis 1945. Monographisch-biographische Darstellungen. Halle 1963.
LWW	Robert Musil. Leben, Werk, Wirkung. Herausgegeben im

Auftrage des Landes Kärnten und der Stadt Klagenfurt von Karl Dinklage. Reinbek bei Hamburg 1960.

Maeyer	Who's Who in Europe. Dictionnaire biographique des personnalités européennes contemporaines par Edward A. de Maeyer. Édition I: 1964–1965. Bruxelles 1965.
MGG	Die Musik in Geschichte und Gegenwart. Allgemeine Enzyklopädie der Musik. Unter Mitarbeit zahlreicher Musikforscher des In- und Auslandes herausgegeben von Friedrich Blume. Kassel 1949 ff.
NDB	Neue deutsche Biographie. Herausgegeben von der Historischen Kommission der Bayerischen Akademie der Wissenschaften. Berlin 1953 ff.
PP	Prager Presse, Prag.
PT	Prager Tagblatt, Prag.
PTB	Prager Theaterbuch. Gesammelte Aufsätze über deutsche Bühnenkunst. Herausgegeben von Carl Schluderpacher. Prag 1924.
Riemann	Riemann, Musiklexikon. Zwölfte, völlig neubearbeitete Auflage in drei Bänden, herausgegeben von Willibald Gurlitt. Main 1959 ff.
SČS	Slovník českých spisovatelu. Praha 1964.
T	Robert Musil, Theater. Kritisches und Theoretisches. Mit Vorwort, Erläuterungen und einem Essay «Zum Verständnis der Texte», Zeittafel und Bibliographie herausgegeben von Marie-Louise Roth. Reinbek bei Hamburg 1965 (= Rowohlts Klassiker der Literatur und Wissenschaft. 182/183 [Deutsche Literatur. Band 16]).
ZSE	Paul Raabe, Die Zeitschriften und Sammlungen des literarischen Expressionismus. Repertorium der Zeitschriften, Jahrbücher, Anthologien, Sammelwerke, Schriftenreihen und Almanache 1910–1921. Stuttgart 1964. = Repertorien zur deutschen Literaturgeschichte. Herausgegeben von Paul Raabe. Bd. I.

Anmerkungen zu Teil I

a Zur Einführung

1 Vgl. Jan Wagner, Arne Laurin (1889–1945). Literární pozůstalost. (=Literární archív Památníku národního písemnictví. Literární pozůstalost 412). Praha 1966.
2 Vgl. BPB II.
3 Vgl. T.
4 František Kubka, Arne Laurin – Chefredakteur. In: Augenzeuge meiner Zeit. Praha 1964. S. 61.
5 Ebd. S. 61.
6 LWW, S. 232.
7 List spisovatele Fráňi Šrámka. In: Tribuna, Nr. 141/I, 17. Juni 1919, S. 2. Der integrale Text dieses Briefes, der für Robert Musils und Arne Laurins Biographie nicht unwichtig ist, lautet in deutscher Übersetzung folgendermaßen:

Arne Laurin schreibt mir, das Syndikat der Prager Journalisten habe es auf Antrag eines unbekannten Herrn abgelehnt, ihn als Mitglied aufzunehmen, weil er angeblich tschechische Schriftsteller zur Mitarbeit am «Domov» angeworben hat. In dem Bestreben, sich zu verteidigen, bittet er mich, über seine Tätigkeit im Kriegspressequartier, soweit ich Zeuge gewesen bin, Zeugnis abzulegen. Zunächst ein Stück Geschichte in eigener Sache:

Irgendwann im Sommer 1918 erreichte mich in der italienischen Etappe eine Karte des deutschen Schriftstellers Otto Pick (damals Oberleutnant im Kriegspressequartier), ob ich nicht Lust hätte, mich nach vierjährigem Herumgetriebenwerden in der Welt nach Wien abkommandieren zu lassen, dort hätte ich doch Gelegenheit zur Arbeit, zum Theaterbesuch usw. Ich bat ihn, mir eingehender zu schreiben, worum es sich eigentlich handle. Das tat er. Es handle sich um das Kriegspressequartier, und weil er lange ohne eine Antwort von mir geblieben sei, habe er die Angelegenheit inzwischen erledigt und mich angefordert; es werde mir das Exhibit anvertraut werden, eine reine Schreibarbeit, so etwas Ähnliches. Nicht einmal darauf wollte ich mich einlassen. Kriegspressequartier bleibt Kriegspressequartier, und ich wollte der verheißenen weichen Umarmung auf meine Art entgehen; ich schickte sofort einen Kurier von der Kompanie zu unserem Bataillonskommando nach C., wo die ganze Angelegenheit dem Einjährig-Freiwilligen Feldwebel Dr. Škrdle (einem Gymnasialprofessor aus Gitschin [Jičín], glaube ich) unterstand, und ihn bat ich, die Abkommandierungs-Akte bei ihrem Eintreffen sofort zu «stoppen» oder sie irgendwie auf geschickte Weise abzulegen; das wurde mir versprochen. Inzwischen war ich auf Urlaub gefahren, und als ich zurückkam, erwartete mich bei der Kompanie bereits der telegrafische Befehl, mich sofort beim Kriegspressequartier in Wien zu melden: er hatte leider nicht gestoppt werden können, das war nicht möglich gewesen. Ich beeilte mich nicht sehr und fuhr etwa nach 10 Tagen ab. (Nebenbei bemerkt, muß diese Abkommandierung für das Bataillonskommando eine große Überraschung gewesen sein; denn durch seine Hände gingen in regelmäßigen Abständen die Fragebogen über meine Führung; aber es war eben schon Götterdämmerung.) Ich «drückte» mich also, als der Krieg zur Neige ging, und da ich das Ende des Krieges in allen Gliedern spürte, nahm ich es nicht tragisch. Ich wußte ganz klar, was ich tun würde und was nicht. Ich sagte es gleich bei meiner Ankunft: «Irgendeine völlig unverbindliche Schreibarbeit, sonst keinen Schlag, koste es, was es wolle»; und zur Ehre der Leute aus dem Kriegspressequartier, die mich kannten, sei es gesagt: sie erwarteten von mir auch nichts anderes, Arne Laurin schon gar nicht.

Jawohl, dort bin ich mit ihm zusammengekommen; früher hatte ich ihn weniger gekannt, erst jetzt hatte ich ihn mehr vor Augen. Man wies mir also eine Tätigkeit unmittelbar unter den Schwingen des österreichischesten Doppelaars zu: ich schrieb Adressen, etwa zweihundert Adressen wöchentlich, eine gewaltige Arbeit; daß ich hie und da durch die Ritzen einen Einblick in die höchst alberne Wiener Operette gewann, die das Kriegspressequartier darstellte, das bekam ich schon als Zugabe.

Und hier kann ich schon über Laurin etwas aussagen, etwas, was die Beschuldigung, er habe versucht, tschechische Schriftsteller zur Mitarbeit am «Domov» anzuwerben, keineswegs zu stützen geeignet ist. Kurz nach meiner Ankunft nämlich schlug der naive Kommandant der Redaktionellen Abteilung, Hauptmann M.[usil?] (ein Berliner Schriftsteller), Laurin vor, jetzt könne er endlich auf Urlaub fahren, ich könne ja einstweilen seine Arbeit übernehmen (die Übersetzung der per Kommando zugeschickten Artikel ins Tschechische, die Korrektur des Blattes). Laurin lehnte sofort ab und sagte auch, warum. (Für das Wohl Österreichs genüge es, wenn er, ohne sich wehren zu können, Angriffe auf sich nehmen müsse, und es sei unnütz, daß auch noch ein zweiter eventuell solchen Angriffen ausgesetzt werde.) Das war klar gesprochen, und auch dem Hauptmann begann es wohl zu dämmern. Dieses Gespräch habe ich gehört. Ich weiß auch von keinem anderen Fall, daß Laurin irgendeinen tschechischen Schriftsteller für den «Domov» angeworben hätte. Nein, ich weiß aus der Zeit meines Aufenthalts im Kriegspressequartier überhaupt von keiner Tat

Laurins, die mit eifrigerer Geste dem Kaiser gab, was des Kaisers ist, als daß man es ihm vorwerfen könnte. Nein, Laurin hat sich im KPQ nicht wohl gefühlt. Er hatte sich «gedrückt», aber nun kam er aus dem Entsetzen über das, was er sah, nicht mehr heraus. Er gab sehr deutlich zu verstehen, daß er sich dort nicht zu Hause fühle, nicht etwa nur aus Berechnung mir gegenüber, sondern auch vor denen, bei denen er kein richtiges Verständnis voraussetzen konnte. Zweimal versuchte er, von dort loszukommen. Er ging zum Kommandanten des KPQ und bat gehorsamst um seine Versetzung zur Truppe; der unterhielt sich aber überhaupt nicht mit ihm «über solche Dummheiten». Freilich, für Laurin hätte es noch einen Weg gegeben, einen weniger gehorsamen, aber der hätte nur in die Hölle geführt, nämlich an die Front; und wenn Laurin diesen Weg nicht beschritt, dann besagt das, daß er ein bestimmtes Maß erreicht hatte, keineswegs aber, daß er etwa tief unter dem Niveau dieses Maßes geblieben wäre, so tief, um dafür von jedermann mit empörter Geste gezüchtigt zu werden; denn wie tief unter diese Stufe müßten dann erst die gestoßen, womit müßten dann erst sie gezüchtigt werden, alle die allzu eifrigen tschechischen Offiziere und Soldaten, die vor Österreich katzbukkelten und so ihre Brust mit Orden behängten? Nein, die Götter des KPQ, die geheimen Anstifter antitschechischer Schweinereien, die unnütz böses Blut erregten, nisteten nicht so tief, daß wir ihnen nicht ins Tintenfaß schauen konnten; Laurins Tintenfaß war das jedenfalls nicht, den hatten wir zu sehr vor Augen ...

Und wenn schon vom «Domov» die Rede ist, möchte ich auch den Eindruck wiedergeben, den ich während der wenigen Wochen von ihm gewonnen habe:

Dieser alberne Bockmist ist es nicht wert, daß man ein Vierteljahr nach seiner Beseitigung noch von ihm redet. Er war so miserabel, daß er weder auf Böhmen noch auf die Tschechen einen Schatten werfen konnte; daß er so erbärmlich war, war auch Laurins Freude. Niemand las ihn, vielleicht etwa 150 (!) uninformierte Soldaten hatten ihn abonniert. Er diente zur Erheiterung. Die Redaktion erhielt interessante Briefe von tschechischen Soldaten; Laurin hat, glaube ich, eine ganze Sammlung davon. Einer schrieb wörtlich etwa so: «Ihr Blatt ist in meine Hände gelangt. Es ist das blödeste Blatt, das mir je zu Gesicht gekommen ist. Deshalb wird es bestimmt nicht eingestellt werden. Ich bezahle im voraus, schicken Sie es zu.» Mit genauer Adresse. Das Blatt wurde zugeschickt. Warum auch nicht? Sollte der Junge noch einmal etwas zum Lachen haben. Wir lachten noch mehr. Ich wiederhole: In Laurins Tätigkeit beim KPQ habe ich keinerlei Anzeichen irgendeines österreichischen Eifers bemerkt, für den ich den bereits fest geprägten Begriff des österreichischen Aktivismus anwenden würde; sie erreichte vor allem nicht einen solchen Grad, daß ihm Gedeihen und Erfolg des «Domov» am Herzen gelegen hätten, daß er sich bemüht hätte, tschechische Schriftsteller zur Mitarbeit zu gewinnen; daß ich die Dinge falsch gesehen habe, werde ich nur dann glauben, wenn der Ankläger Laurins mir klar das Gegenteil beweist.

Fráňa Šrámek

8 Franz Werfel, Der gemeinsame Raum: In: Die Kritik, Nr. 10/I (Mai 1934), S. 2.
9 LWW, S. 233.
10 František Kubka, Arne Laurin – Chefredakteur. In: Augenzeuge meiner Zeit. Praha 1964. S. 61.
11 Robert Musil, Opičí ostrov. In: Tribuna, Nr. 78/I (Samstag, 3. Mai 1919), S. 2.
12 Ea von Allesch an Arne Laurin, Wien, 10. Februar 1921.
13 Vgl. BPB I.
14 Vgl. dazu den Brief an Laurin vom 23. April 1921, S. 23, sowie ein von Karl Corino entdecktes Brieffragment aus Musils Nachlaß (Katalognummer II/1, 236), das auf Herbst 1924 zu datieren ist und folgenden Wortlaut hat:

«[...] als Verfechter des Anschlußgedankens an Deutschland angehört hatte) vergewisserte, daß eine Verstärkung des deutschen Einschlags in das Blatt nicht nur für unerwünscht galt. Schon vor ungefähr zwei Jahren löste ich aber die mir wenig sympathische Beziehung. – Im übrigen halte ich die PP. für ein harmloses Blatt, das seinen Charakter so durchsichtig zeigt, daß es niemandem schadet; im Gegenteil, es darf sich schmeicheln, der deutschen Sache unfreiwillig gedient zu haben, indem es (bestimmt z. T. nur aus Gründen des guten Geschmacks) den besten Köpfen der deutschen Literatur in einer Zeit Hilfe bot, wo die deutschen Zeitungen wegen ihrer eigenen Sorgen bedenkenlos ihre nichtredaktionellen Mitarbeiter hungern ließen. Ich würde es deshalb als sehr pharisäisch empfinden, einem Schriftsteller, der sich dieses Umstands bediente, daraus einen Vorwurf zu machen. Ich hoffe, Sie nun umfassend orientiert zu haben und kehre zum Anlaß zurück.

Es ist sicher bedenklich, daß darum [?] fast alle unsre Schriftsteller von Bedeutung in der Geschichte dieses Blattes vorkommen, und ich bin der letzte, der es nicht empfände, [...]»

b Zu den Briefen

1 Der «tschechische Heimkehrer» sollte offenbar eine nach dem *Domov*, der tschechischen Ausgabe der *Heimat*, geplante weitere tschechische Zeitung des Kriegspressequartiers sein.

2 Gemeint ist Josef Langstein, der spätere Wiener Korrespondent der PP.

3 In anderer Handschrift findet sich auf dem Manuskript noch folgender Zusatz:

Nach Mauer – Oblt Anič
die Leute verlangen.
Sie sind von der Arbeit weggelaufen –
Morgen können Sie es nicht machen,
Löhnung, Brot –
Langstein-Übersetzung ist nicht nötig
Telegramm Belgrader Nachrichten

(Zu Anič s. Anm. 30.)

4 Die «Leiden», von denen der erste der beiden hier erwähnten Briefe Laurins an Musil berichtet haben muß, dürften vor allem darin bestanden haben, daß Laurins Gesinnung wegen seiner Tätigkeit im Kriegspressequartier (KPQ) verdächtigt wurde und er große Schwierigkeiten hatte, eine neue, seinen Fähigkeiten entsprechende Stellung zu finden. Die Erwartung einer «würdigen Tätigkeit» bezieht sich ganz offensichtlich auf die gewisse Aussicht Laurins, in die Redaktion der Tageszeitung *Tribuna* aufgenommen zu werden, die Anfang 1919 zu erscheinen begann. Tatsächlich war Laurin dann von Anfang an Mitglied der Redaktion und rückte bereits im Mai 1919 zum stellvertretenden Chefredakteur auf (s. Einführung, S. 5 f.).

5 Martha Musil, geb. Heimann (* Berlin 21. Januar 1874, † Rom 24. August 1949), in erster Ehe mit dem Maler Fritz Alexander, in zweiter Ehe mit dem italienischen Kaufmann Enrico Marcovaldi, seit 1911 mit Robert Musil verheiratet, vgl. LWW, S. 219–221, 257, wo Marthas erster Mann mit Vornamen irrtümlich noch Georg statt Fritz heißt.

6 Der tschechische Dichter Fráňa Šrámek (1877–1952) war im August 1918 ins KPQ abkommandiert worden, wo er bis zum Kriegsende blieb, vgl. SČS, S. 495.

7 Das Manuskript, aus dem Musil hier sich selbst zitiert, ist das des 1921 erschienenen Schauspiels ‹*Die Schwärmer*›, vgl. die endgültige Fassung der Stelle, GW III, S. 326: «Anselm, einer ist ein Narr, zwei eine neue Menschheit!» (Erster Aufzug, Thomas zu Anselm).

8 Um wen es sich bei «Zoglauer» handelt und in welchen Beziehungen er zu Musil oder Laurin stand, konnte noch nicht ermittelt werden. «Grenzer» ist wohl identisch mit dem Wiener Journalisten Karl (Kissich) Gränzer (* Brody 24. April 1875). Nach Mitteilung der Polizeidirektion Wien wurde er am 12. November 1941 aus Wien I, Börsegasse 7/2/6, nach Polen abgemeldet.

9 Vgl. LWW, S. 233: «Vom 22. April 1918 bis zum 17. April 1920 wohnte er mit Martha in Wien in der Florianigasse 2.»

10 Wer mit «Sg. Scarpa» gemeint ist, konnte nicht eindeutig ermittelt werden; vielleicht der italienische Journalist und Schriftsteller Pietro (Piero) Scarpa (* Verona 10. Dezember 1880), vgl. Maeyer, S. 2276.

11 Mit «Frau Milena» ist ohne Zweifel Frau Milena Polak (geb. Jesenská) gemeint, die spätere Freundin und Briefpartnerin Franz Kafkas, deren «Entführung» durch Ernst Polak beträchtliches Aufsehen erregt hatte, vgl. Emil Szittya, Das Kuriositäten-Kabinett. Konstanz 1923, S. 292: «Besonders imponierte in Künstlerkreisen, daß er die Tochter eines bekannten Prager Universitätsprofessors entführt und geheiratet hat.» Milena war ständige Wiener Mitarbeiterin der *Tribuna,* sie schrieb Feuilletons und Beiträge für die Moderubrik, vgl. Franz Kafka, Briefe an Milena. 7.–9. T. Frankfurt a. M. 1960, S. 142 u. ö.

12 Egon Erwin Kisch (* Prag 29. April 1885, † Prag 31. März 1948), nicht dessen Bruder Paul Kisch (1883–1944), der seit 1918 als Redakteur der *Neuen Freien Presse* ebenfalls in Wien lebte.

13 Chefredakteur der *Tribuna* war der Publizist Bedřich Hlaváč (1868 bis 1936), Übersetzer aus dem Deutschen und ins Deutsche, vor dem Ersten Weltkrieg langjähriger Wiener Parlamentsberichterstatter der von Masaryk gesteuerten Tageszeitung *Čas* und ständiger Mitarbeiter der von Masaryk redigierten Zeitschrift *Naše doba*: beste Voraussetzungen für die Leitung eines Blattes vom Charakter der *Tribuna,* die «eine Tageszeitung englischen liberalen Stils werden sollte. Die Anregung zur Gründung der ‹Tribuna› ging von Masaryk selbst aus, der für die Stelle des Chefredakteurs Bedřich Hlaváč empfahl, einen ehemaligen Redakteur des ‹Čas›.» (V. Dolejší, Noviny a novináři. Praha 1963, S. 312–313.)

14 Vgl. dazu Anton Kuh, Der unsterbliche Österreicher. München (1931), S. 95: «Damals [1918] hatten gerade die beiden Nachbarkaffeehäuser miteinander zu rivalisieren begonnen, das ‹Central› und das ‹Herrenhof›. Fein abgetönt, wie in Wien alles ist, saß dort (im älteren Café) das Feuilleton und der Sensitivismus, hier (im neu erbauten) der Essay und das Ethos. Infolgedessen Kisch in allen beiden.»

15 «Weißblau-Rothäute», «Weiß-Rothäute»: auf Grenzüberschneidung beruhende Wortspiele, etwa vom Typ «Tonfallstricke» (Karl Kraus). Die Anspielung geht auf die Landesfarben der Tschechoslowakei (Weiß-Blau-Rot) und die der am 12. November 1918 ausge-

rufenen Republik Deutschösterreich (Weiß-Rot). Die Auffassung, daß die Tschechoslowakei vom 28. Oktober 1918 bis zur Unterzeichnung der Friedensverträge sich als Verbündeter der Entente im Kriegszustand mit den Mittelmächten befunden habe, wurde durch eine Entscheidung der alliierten Reparationskommission vom 15. April 1921 nachträglich bestätigt, vgl. T. G. Masaryk, The Making of a State. London 1927, S. 347. Nach dieser Auffassung befand sich die Tschechoslowakei bis zur Unterzeichnung des Friedensvertrages von Saint-Germain-en-Laye (10. September 1919) im Kriegszustand auch mit der Republik Deutschösterreich, an deren politischer und staatsrechtlicher «Kontinuität mit der Donaumonarchie» die alliierten Signatarmächte festhielten. Musil, der vom 15. Januar 1919 bis in den April 1920 als Staatsbeamter dieser Republik «im Archiv des Pressedienstes des Staatsamtes für Äußeres» tätig war (vgl. LWW, S. 233), hielt es in dieser Situation nicht ohne Grund für unwahrscheinlich, von dem Redakteur einer der tschechoslowakischen Regierung so nahestehenden Tageszeitung «Genaueres» über dessen Tätigkeit zu erfahren.

16 *Der Neue Tag* (1919/20) war eine kurzlebige Wiener Tageszeitung, herausgegeben von Dr. Benno Karpeles, der hier an Tendenzen seiner Wochenschrift *Der Friede* (1918/19, vgl. ZSE, S. 73 f.) anknüpfte, vgl. GW II, S. 472: «Der Friede wurde dann, wenn ich nicht irre, für kurze Zeit eine Tageszeitung...» *Der Neue Tag* erschien im Zeitungsverlag des von der Firma Schoeller & Co. kontrollierten graphischen Konzerns Elbemühl A.G., dem auch das *Illustrierte Wiener Extrablatt*, die *Wiener Allgemeine Zeitung* und die *Wiener Mittags-Zeitung* gehörten. Im Herbst 1919 erwarb Richard Kola die Aktienmehrheit und 1920 wurde der finanziell «passive ‹Neue Tag›» von ihm «aufgelassen», vgl. Richard Kola, Rückblicke ins Gestrige. Erlebtes und Empfundenes. Wien 1922, S. 257 ff., wo die Haltung des Herausgebers und seines Blattes vom Rentabilitätsstandpunkt aus einer strengen Kritik unterzogen wird: «Dr. Benno Karpeles vertrat den Standpunkt, er sei nur dazu engagiert, eine gute Zeitung zu machen, alles andere kümmere ihn nicht; ob die Zeitung Inserate habe oder nicht, sei ihm gleichgültig; er sei auch gar nicht neugierig, wie groß das Defizit wäre, er habe seinen Vertrag, der ihn vom Generaldirektor unabhängig mache, und lasse sich von niemand dreinreden... das Blatt rempelte unbekümmert, je nach der Laune seines Herausgebers, Rechts und Links an, schlug sich einmal mit der ‹Reichspost›, das andere Mal mit der ‹Arbeiter-Zeitung› herum» (Ebd., S. 257 f.). Am 2. Dezember 1920 erfolgte dann die Konstituierung einer «Rikola Verlag A.G.», vgl. ebd., S. 270, und A. J. Storfer, Wörter und ihre Schicksale. Wien 1935, S. 42: «In der Inflationszeit provozierte der kurzlebige Wiener Rikola-Verlag, die etwas lächerliche Gründung des Bankiers Ri-chard Ko-la, das Spottwort Ridikola.»

17 Die hier erwähnte «kleine Erholungsarbeit» ist *‹Die Affeninsel›* (GW III, S. 451–453), die Laurin vierzehn Tage später in tschechischer Übersetzung brachte; Robert Musil, Opičí ostrov. In: Tribuna, Nr. 78/I (Samstag, 3. Mai 1919), S. 2.

18 Vgl. GW II, S. 443, Nr. 13: «Nach dem Tode meiner Eltern wollten Martha und ich plötzlich deren Wohnung behalten und nach Brünn übersiedeln.»
19 Am 25. Februar 1919 hatte der damalige Finanzminister Dr. Alois Rašín die Währungstrennung zwischen der Tschechoslowakei und Österreich verfügt und im April 1919 die tschechoslowakische Krone (Koruna československá [Kč]) als neue Währungseinheit eingeführt, die sich von der österreichischen Krone durch einen wesentlich höheren Kurswert unterschied.
20 Die *Tribuna,* Nr. 229/I (28. Oktober 1919), war zu Ehren des tschechoslowakischen Staatsfeiertags mit einer umfangreichen Sonderbeilage erschienen, die auch zahlreiche literarische Beiträge enthielt.
21 Egon Erwin Kisch, der von Mai 1917 bis Mai 1920 in Wien lebte, vgl. Anm. 12.
22 Von den beiden hier erwähnten Briefen hat sich im Nachlaß Arne Laurins nur der erste vorgefunden, in dem «das Projekt in das tschechoslowakische Imperium zu ziehen» erwogen wird (Brief vom 22. 9. 19); «aussichtslos» war dieses Projekt vor allem deshalb geworden, weil das «Verhältnis der Korona zur Mark», nach dem Musil sich bei Laurin erkundigt hatte, sich unaufhaltsam zuungunsten der Mark entwickelte, was die Zuwanderung deutsch schreibender Autoren, deren Einkünfte vor allem in Mark bestanden, keineswegs ermutigte, sondern im Gegenteil eine Abwanderungswelle auslöste, vgl. Kurt Krolop, Hinweis auf eine verschollene Rundfrage: «Warum haben Sie Prag verlassen?» In: Germanistica Pragensia IV (= Acta Universitatis Carolinae 1966, Philologica 5), S. 47–64.
23 Hier, «in der nur zwei Zimmer und Küche umfassenden kleinen Wohnung Tür 7 im 1. Stock des an der Biegung der Ungargasse gelegenen Hauses Nr. 17», logierte Musil «vom 22. Juli 1920 bis gegen Ende des Jahres 1921» (LWW, S. 239).
24 Zur Datierung auf das Jahr 1921 vgl. die vorhergehende Anm. und den Inhalt des Briefes, der Musils Mithilfe bei der Beschaffung eines Mitarbeiterstabs für die PP bezeugt, die am 27. März 1921 zu erscheinen begann.
25 Dr. (jur.) Robert Konta (* Wien 12. Oktober 1880, † Zürich 19. Oktober 1953), österreichischer Komponist, Schüler von Vítězslav Novák (1870–1949), von 1911 bis zu seiner Emigration in die Schweiz (1938) Lektor für Musiktheorie am Neuen Wiener Konservatorium, schrieb Kritiken für die *Wiener Allgemeine Zeitung,* das *Illustrierte Wiener Extrablatt* und die *Wiener Mittags-Zeitung* (vgl. Anm. 16). – Vgl. DML, Sp. 737; Kosch, Theater-Lexikon II, S. 1065; Riemannn I, S. 952–953. – Musikreferent der PP wurde Konta nicht.
26 Hudební revue (1907–20), tschechische Musikzeitschrift.
27 Die meisten seiner größeren Werke – eine Oper, eine Tanzpantomime und eine Symphonie – sind in Prag uraufgeführt worden.
28 Dr. Max Graf (* Wien 1. Oktober 1873, † Wien 24. Juni 1958), österreichischer Musikschriftsteller, Schüler Hanslicks und Bruckners, von 1900 bis zu seiner Emigration in die USA 1938 Musikreferent der *Wiener Allgemeinen Zeitung,* 1921/22 Herausgeber der kurz-

lebigen Zeitschrift *Musikalischer Kurier.* Von seinem Buch ‹*Deutsche Musik im 19. Jahrhundert*› war 1901 eine tschechische Übersetzung erschienen. – Vgl. NDB VI, 724 f.; MGG VI, Sp. 671–672; Riemann I, 666.

29 Musil war vom 17. April bis zum 22. Juli 1920 in Berlin gewesen, hatte dort seinen späteren Verleger Ernst Rowohlt kennengelernt und mit Samuel Fischer und anderen über eine neuerliche Bindung an dessen *Neue Rundschau* verhandelt, deren Redaktion er schon 1913/14 angehört hatte, vgl. LWW, S. 234 und 224. Hier dürfte der Aufenthalt von 1920 gemeint sein, worauf die Empfehlung Alban Bergs durch Franz Blei und Franz Werfel hindeutet; alle drei gehörten damals zum engsten Freundeskreis Alma Maria Mahlers.

30 Das «unser Anić» dürfte so zu verstehen sein, daß es sich um einen gemeinsamen Bekannten Laurins und Musils aus der Zeit der Tätigkeit im Kriegspressequartier (KPQ) handelte; vielleicht hatte er der Redaktion der slowenischen Ausgabe der von Musil redigierten *Heimat* (*Domovina*) angehört, vgl. LWW, S. 232. Laurin wollte Anić wahrscheinlich auch zur Mitarbeit an der PP einladen. In einer unveröffentlichten Notiz in Musils Tagebuch-Heft 9, S. 8, heißt es:

Anich
Ritterlich, lieb, faul zerstreut. Gerissen und laissez aller. Verbrannten Tabak verkauft, nicht besonderes Mehl; dann aber wieder südslawische Gastfreundschaft. Mag nicht die Juden. Mag nette Menschen. Darin sehr guten Instinkt. Sucht sich die Besten zum Verkehr heraus, ohne dann eigentlich geistig mit ihnen zu verkehren. Kann aber sehr nette kleine Geschichten erzählen. Von seinem Diener, vom grünen Kader usw.
In der Goldgräbersituation nach der Staatenneubildung bringt er es auch zu etwas; er wird Politiker; aber ganz ohne die blöden Prätentionen, welche die «Gesetzgeber» ernster nehmen als die Künstler und bloß Lebendigen.
Er sieht so nett aus in seinem dicken geschnürten Pelz mit den vielen kleinen Tuchknöpfen wie die Brüste eines jungfräulichen Schweinchens.

Anić bzw. Anich dürfte auch mit dem «Dr. Milan Anič» identisch sein, von dem in einem Belgrader Brief Jaromír Kopeckýs an Arne Laurin (18. Februar [1934]) die Rede ist: «Dr. Milan Anič ist nach den hiesigen Nachforschungen auch Abgeordneter gewesen, aber angeblich vor einem Jahr gestorben. Man nannte ihn Míta. Eine seiner ‹Militärstationen› war Wien gewesen, wo er angeblich im Lazarett lag.» (Nachlaß Arne Laurin.)

31 Ea von Allesch (Emma Elisabeth Allesch-Allfest, geb. Täubele; * 11. Mai 1875, † 30. Juli 1953). – 1894 heiratete sie den Leipziger Buchhändler Theodor Rudolph, von dem sie sich aber bald wieder scheiden ließ. Bis zum Ersten Weltkrieg lebte sie abwechselnd in Berlin und Wien, beschäftigte sich mit Graphologie und Psychologie und war als Modeschriftstellerin tätig. Sie verkehrte in den Wiener Lite-

ratencafés und war mit Peter Altenberg, Alfred Polgar, Eugen d'Albert, Franz Blei und Robert Musil befreundet. 1916 heiratete sie Musils Studienfreund, den Psychologen Johannes von Allesch, in Wien. Auch diese Ehe wurde später geschieden. Um 1919 trat Ea von Allesch in enge Beziehung zu Hermann Broch, die seine Entwicklung sehr beeinflußte und bis ca. 1927 anhielt. Der Briefwechsel dauerte bis zu Brochs Tod.

32 Gemeint sind Modefragen. Musil hat Ea von Allesch für die Mitarbeit an der Moderubrik der PP gewonnen, für die sie dann tatsächlich auch Beiträge geliefert hat. Sie hatte also in der PP über den gleichen Themenkreis zu schreiben wie Milena Polak (Jesenská) in der *Tribuna*.

33 Bezieht sich auf den Vorschlag, den Musil im Brief von Ende Januar gemacht und Laurin zunächst offenbar sofort akzeptiert hat. Der vorliegende, undatierte Brief muß also ziemlich bald nach dem «Ende Jänner» (1921) datierten geschrieben sein, wahrscheinlich noch vor Mitte Februar 1921.

34 Vgl. z. B. Robert Musil, Aus einem Rapial. In: Die Rappen. Jahrbuch des Verlages Bermann-Fischer. Wien 1937, S. 31 f. (die Notizen ‹*Gibt es dumme Musik?*› und ‹*Metaphysik der Musik*› jetzt auch GW II, S. 560 f.; ferner eine Notiz ‹*Musiker*› aus der Zeit um 1920 [GW II, S. 236]).

35 Robert Musil, Die Verwirrungen des Zöglings Törleß. Wien/Leipzig: Wiener Verlag 1906; 2. Aufl. München: Georg Müller 1911; Titelauflage bei S. Fischer (1914). Von dieser Auflage existierten Anfang der zwanziger Jahre noch Restbestände, die dann Ernst Rowohlt übernahm.

36 Musil war offensichtlich zu Beginn des Monats, an dessen Ende die erste Nummer der PP erschien (21. März 1921), als ständiger Mitarbeiter für das Wiener Kunst- und Theaterreferat fest verpflichtet worden, und zwar gegen ein monatliches Fixum, das, wie aus Musils Brief an den Chefredakteur vom 22. September 1922 hervorgeht, zu Monatsanfang für den laufenden Monat im voraus auszubezahlen war.

37 Von den hier erwogenen Themen behandelte Musil in seinem ersten Beitrag für die PP (‹*Zusammenhänge?*›, vgl. BPB II, S. 15 und T, S. 19 f.) nur zwei, die «Reigen-Politik» und den «Durchfall der Wiener Kritik bei der Claudel-Première». Zum Thema der «Kunstbesitzwegführungsproteste» vgl. Karl Kraus, Alles, nur nicht die Gobelins! In: Die Fackel, Nr. 588–594/XXIII (März 1922), S. 1–2 und Die Treuhänder der Kultur, ebd., S. 3–11.

38 Vereinzelte Vorabdrucke aus dem 1924 veröffentlichten Roman «Der Zauberberg» begannen erst von 1922 an zu erscheinen, aber nicht in der PP, die als ersten Originalbeitrag von Thomas Mann eine Besprechung von Knut Hamsuns ‹*Die Weiber am Brunnen*› brachte, in: PP Nr. 29/II (29. I. 1922), Dichtung und Welt, S. 1; vgl. Hans Bürgin, Das Werk Thomas Manns. Eine Bibliographie unter Mitarbeit von Walter A. Reichart und Erich Neumann. Berlin 1959, S. 144 ff.

39 Vgl. Ea von Allesch in ihrem Brief an Arne Laurin vom 3. März

1921: «Da mir Musil mitteilte, daß der Brief an Kisch verloren sein dürfte, habe ich nochmals geschrieben.»

40 Martha Musil, eine «begabte Malerin, die bei Lovis Corinth ausgebildet war» (LWW, S. 219), hat für die PP zahlreiche Illustrationen geliefert, s. u.

41 Erstdrucke und Nachdrucke von Texten Thomas Manns in der PP findet man verzeichnet in: Hans Bürgin, Das Werk Thomas Manns. Eine Bibliographie unter Mitarbeit von Walter A. Reichart und Erich Neumann. Berlin 1959, S. 144–187.

42 Otto Soyka (* Wien 9. Mai 1882, † Wien 2. Dezember 1955, 1938 bis 1945 im französischen Exil), österreichischer Schriftsteller, langjähriger Mitarbeiter der *Fackel.*

43 Laurin hatte, wie aus dem nächsten Brief Musils an ihn hervorgeht, den Wunsch geäußert, von Soyka Feuilletons für die PP zu bekommen.

44 Gemeint ist wiederum Josef Langstein, Auslandskorrespondent der PP in Wien. Er wurde Redakteur beim *Neuen Wiener Tagblatt* und übernahm als Chefredakteur deren Spätabendzeitung, das *Neue 8 Uhr Blatt.* Auf Langstein zielt auch eine Tagebucheintragung Musils (1923 oder 1924): «Journalisten: Langstein wurde eine grosse journalistische Nummer und Redakteur für Aussen- und Innenpolitik beim Wiener Tagblatt dadurch, daß er Berichterstatter der P. P. ist. Seine Anrüchigkeit wurde ihm zum Segen. Ein Mann kann notorisch talentlos sein, wenn er durch Beziehungen in mehreren Stellen darin ist, wird er von allen gesucht» (GW III, S. 689, ergänzt nach Heft 21, S. 124).

45 Gemeint ist wahrscheinlich das Freikartenrecht für Musil als Theaterreferenten der PP, zu dessen Erwirkung Laurin offenbar seine Hilfe angeboten hatte.

46 Also am 25. oder 26. Februar 1921, vgl. das Schreiben Musils vom 24. Februar 1921, wo von dem «nicht mehr zustandegekommenen Rendezvous» die Rede ist.

47 Otto Soyka wurde tatsächlich Mitarbeiter der PP. Als erster Beitrag von ihm erschien eine Kriminal-Groteske: Wie Philipp Sonlo sich fand. Von Otto Soyka. In: PP Nr. 34/I (Sonntag, den 1. Mai 1921), Sonntagsbeilage S. 1, vgl. auch Otto Soyka, Die Erfolge Philipp Sonlos. (Detektiv-Grotesken.) Berlin (Charlottenburg): Weltgeist-Bücher (1926) (= Weltgeist-Bücher, Nr. 91/92).

48 Vgl. Ea von Allesch in ihrem Brief an Laurin vom 10. März 1921: «Soeben war Frau Musil hier in meiner Redaktion. Sie wollte von mir erfahren, was sie zeichnen soll, respektive was jetzt modern wäre und war, wie ich glaube sehr unangenehm berührt, daß ich ihr nicht Vorlagen (wie französische Blätter oder Modeblätter von Bachwitz hier im Haus) zur Verfügung stellen konnte. Ich kann aber doch nicht Zeichnungen meines hiesigen Chefs abzeichnen lassen – das ist doch unfair – abgesehen davon, daß er es erfahren würde und ich einen schönen Palawatsch hätte.» – Arnold Bachwitz war Herausgeber, Verleger und zum Teil auch Redakteur von über zwanzig Wiener Modeblättern, welche die Wiener Mode bestimmten.

49 Die «kleine geist-politische Revue» ist Musils Beitrag *‹Zusammenhänge?›*, vgl. die Briefe vom 2. und 15. März.

50 Alban Bergs «Arbeit» bestand damals vor allem in der Vollendung seiner Oper ‹Wozzeck› (op. 7), deren Textbuch und Klavierauszug 1923 erschienen (Universal-Edition Nr. 7382 und 7383), «Alma Maria Mahler zugeeignet».

51 Egon Joseph [von] Wellesz (* Wien 21. Oktober 1885), österreichischer Musikforscher und Komponist, Schüler Arnold Schönbergs und Guido Adlers, 1911 bis 1915 Lehrer für Musikgeschichte am Neuen Wiener Konservatorium, ab 1913 Privatdozent für Musikgeschichte an der Universität Wien, später Professor; emigrierte 1938 nach England; Mitherausgeber der New Oxford History of Music (1959 ff.); Verfasser der ersten größeren Monographie über Arnold Schönberg: Egon von Wellesz, Arnold Schönberg. Wien: E. P. Tal & Co; (Universal-Edition) 1921 (=Neue Musikbücher = Universal-Edition Nr. 6811).

52 Die inzwischen eingestellte Wiener Tageszeitung *Der Neue Tag*, vgl. Musils Brief an Laurin vom 21. April 1919 und die Anmerkungen dazu.

53 Oskar Maurus Fontana (* Wien 13. April 1889, † Wien 4. Mai 1969), österreichischer Schriftsteller, Erzähler, Dramatiker und Publizist. In den zwanziger und dreißiger Jahren Theaterreferent der Wiener Zeitungen *Neues 8 Uhr Blatt* und *Der Tag*, schrieb Wiener Theaterberichte auch für auswärtige Blätter, von 1929 bis 1938 auch für die DZB. Seine *‹Erinnerungen an Robert Musil›* in LWW, S. 325 bis 344.

54 Charles-Louis Philippe, Bübü vom Montparnasse. Ein Roman mit zwanzig Holzschnitten von Frans Masareel. (Autorisierte Übersetzung von Camill Hoffmann.) München: Kurt Wolff 1920.

55 Douglas Mawson, Leben und Tod am Südpol. 2 Bde. Leipzig: F. A. Brockhaus 1921.

56 Von Josef Nadlers «Literaturgeschichte der deutschen Stämme und Landschaften» (Regensburg: Josef Habbel 1912–1928) lagen 1921 die ersten drei Bände der 1. Aufl. vor: I. Bd. Die Altstämme. 800 bis 1600 (1912); II. Bd. Die Neustämme von 1300, die Altstämme von 1600–1780 (1913); III. Bd. Hochblüte der Altstämme bis 1805 und der Neustämme bis 1800 (1918).

57 Paul Gauguin, Briefe an Georges-Daniel de Monfreid. Mit einer Einleitung von Victor Segalen. (Autorisierte Übersetzung aus dem Französischen von Hans Jacob.) Potsdam: Kiepenheuer 1920.
Paul Gauguin, Vorher und nachher. Aus dem Manuskript übertragen von Erik-Ernst Schwabach. München: Kurt Wolff 1920.

58 Nach Amerika in einem Auswandererschiff. Das innere Leben der Vereinigten Staaten. Von Mgr. Graf [Peter] Vay von Vaya und zu Luskod. Berlin: Paetel 1908.

59 Johannes V. Jensen, Das verlorene Land. (Deutsch von Julia Koppel.) Berlin: S. Fischer 1920.

60 Ejnar Mikkelsen, Sachawachiak der Eskimo. Ein Erlebnis aus Alaska. (Autorisierte Übersetzung aus dem Dänischen von Frida [Erdmute Cohn, geb.] Vogel) Berlin: Gyldendal [1921].

61 George Grosz, Gott mit uns. Politische Mappe. Neun Lithographien. Berlin: Malik 1920. – Von den hier angeforderten Titeln hat Fontana in der PP nur die beiden Gauguin-Bände besprochen, vgl. Oskar Maurus Fontana, Lebensdokumente Paul Gauguins. In: PP, Nr. 71/I (Mittwoch, den 8. Juni 1921), S. 5.

62 Dr. Heinrich Jalowetz (* Brno [Brünn] 3. Dezember 1882), Schüler Guido Adlers und Arnold Schönbergs, 1908 bis 1916 Chordirigent und Kapellmeister an der Wiener Volksoper und an den Stadttheatern Regensburg, Danzig, Stettin; 1916 bis 1923 unter Alexander von Zemlinsky (1872–1942) Kapellmeister, dann Operndirigent am Deutschen Landestheater Prag, 1924 und 1925 wieder an der Wiener Volksoper, nach 1925 Kapellmeister am Stadttheater Köln. Von Heinrich Jalowetz stammt die Musik zu ‹*Traumtheater*› und ‹*Traumstück*› von Karl Kraus, die von Berthold Viertel und seinem Ensemble «Die Truppe» 1924 in Berlin und Wien aufgeführt wurden, vgl. *Die Fakkel,* Nr. 649–656/XXVI (Anfang Juni 1924), S. 11 und S. 128. Bei der Berliner Aufführung hatte Jalowetz auch die musikalische Leitung. Heinrich Jalowetz wurde nicht Mitarbeiter der PP.

63 Otto Pick (* Prag 9. Mai 1886, † London 25. Mai 1940), Prager deutscher Dichter und Übersetzer, 1921 bis 1938 Feuilletonredakteur der PP, Herausgeber von Anthologien, die um die Sammlung und Vermittlung deutscher und tschechischer Dichtung aus der Tschechoslowakei bemüht sind. In die erste seiner Nachkriegsanthologien nahm er auch eine Arbeit von Musil auf, den er 1918 im Wiener Kriegspressequartier kennengelernt hatte: Robert Musil, Vorspiel zu einem Melodrama. In: Deutsche Erzähler aus der Tschechoslowakei. Ein Sammelbuch. Herausgegeben und eingeleitet von Otto Pick. Reichenberg/Prag/Leipzig/Wien 1922, S. 186–204, vgl. dazu BPB I, S. 55 f. Eine Würdigung Musils enthält Otto Picks Aufsatz ‹*Deutsche Dichter in Brünn und im mährischen Gebiet*› in: PP Nr. 333/VII (4. Dezember 1927, Sonderbeilage «Brünn, die Hauptstadt von Mähren»), S. 12 bis 13; vgl. ferner o.p. [d. i. Otto Pick], Robert Musil. Zum 50. Geburtstag. In: PP Nr. 304/X (6. November 1930), S. 8. – Über Otto Pick als Redakteur der PP vgl. František Kubka, Otto Pick, unser Redaktions-Schwejk. In: Augenzeuge meiner Zeit. Begegnungen mit Zeitgenossen aus Ost und West. Praha 1964, S. 67–69.

64 Gemeint ist wiederum der Beitrag ‹*Zusammenhänge?*›, die bereits in Musils Briefen vom 2. und 10. März 1921 angekündigte «kleine geistpolitische Revue».

65 Gemeint ist wohl eine «Festtagsnummer» an einem der bevorstehenden Osterfeiertage, die 1921 auf den 27. und 28. März fielen. Die erste Nummer der PP erschien am Montag der Osterwoche, dem 21. März 1921.

66 Gemeint ist: Wiener Theaterereignisse. Wien, 28. März. [Am Ende gez.:] Robert Musil. In: PP Nr. I/3 (Mittwoch, den 30. März 1921), S. 7, vgl. BPB II, S. 15; T, S. 18 f. Zwei Drittel dieses Berichts sind der Uraufführung des Schauspiels ‹*Der Schwan*› von Molnár gewidmet. – Der Abdruck des Textes in T, zu dem Marie-Louise Roth Zeitungsausschnitte mit Druckfehlerkorrekturen von Musils eigener

Hand benutzen konnte (vgl. T, S. 7), weist, abgesehen von Differenzen in Interpunktion und Orthographie, folgende Unterschiede von dem Abdruck in PP auf: «massige und leere Flecke» (T)/«wollige und leere Flecke» (PP); «Erbsünde» (T)/«Erdsünde» (PP); «Denkweise» (T)/«Denkwolke» (PP); «Erweiterndes» (T)/«Erweitendes» (PP) [Hervorhebung durch die Herausgeber].

67 Bei allem Respekt vor den historischen Verdiensten Masaryks hatte Musil von dessen Lehre und ihren Auswirkungen keine sehr hohe Meinung; vgl. die Tagebucheintragung an der Jahreswende 1938/39 (GW II, S. 500).

68 Was Musil unter «überstaatlicher Orientierung» verstand, hat er wenige Monate später (Dezember 1921) in S. Fischers Zeitschrift *Die Neue Rundschau* dargelegt, vgl. GW II, S. 607–622 und 942 (*‹Die Nation als Ideal und Wirklichkeit›*).

69 Vgl. Vojtěch Dolejší, Noviny a novináři. Praha 1963, S. 17: «Sie [die PP] war eigentlich ein deutsch geschriebenes tschechisches Blatt, das die Außenpolitik der Tschechoslowakei interpretierte. Der Chefredakteur war Arne Laurin, aber in Wirklichkeit wurde es von der Pressesektion des Außenministeriums geleitet, deren Chef Josef Chmelař war.» Auf den offiziellen Charakter des Blattes machte dann auch Karl Kraus aufmerksam, anläßlich des Gedichtes *‹Die Musik auf dem Wasser geboren›* von Franz Werfel (Beschwörungen. München 1923, S. 33–36), das als Vorabdruck in der PP erschienen war, «dem tschechoslovakischen Regierungsblatt, das die wüsteste Sprachwildnis des neudeutschen expressionistischen Schmocktums annektiert hat und das trotzdem auf dem Schreibtisch Masaryks aufliegen kann – wenigstens sollte Herr Machar diese Dinge für reglementwidrig erklären ...» (Die Fackel, Nr. 608–612/XXIV [Ende Dezember 1922], S. 38). – Vgl. auch die Charakteristik bei F. Vogelsang, Adressbuch der fremdsprachigen Zeitschriften und Zeitungen. Leipzig 1927, S. 375: «Aus staatlichen Mitteln gespeist; vertritt ausschließlich tschechische Interessen.»

70 Musil scheint Informationen dieser Art nicht bekommen zu haben; denn noch am 1. Juni 1921 wiederholt er seine Einwände in einem Brief an seinen Freund G. J. v. Allesch, vgl. LWW, S. 283 f.: «Die Pr. Pr. wird es sich sicher angelegen sein lassen, Deine Mitarbeiterschaft zu gewinnen und auf Deine Vorschläge eingehn; wenn ich intervenieren soll, signalisiere es sofort. Ich fühle mich aber verpflichtet – im Gegensatz zur Amtspflicht – Dir zu sagen, daß das Blatt als tschechophiles Unternehmen stark angegriffen wurde. Ich bin mit der Angabe engagiert worden, daß die Tendenz des Blattes übernational sei, was mir läge, man sagt aber, sie sei antinational, so eine Art tschechisches Kriegspressequartiererzeugnis und aus dem Blatt selbst ist nicht recht klug zu werden. Ich fühle mich sehr exponiert in meiner Position und würde sie sicher aufgeben, wenn ich nicht materiell dadurch wieder in eine unmögliche Situation geriete. Für Dich liegt der Fall leichter, denn wenn schon, wie bei mir, die Mitarbeit am Feuilleton – das übrigens recht gut ist – der Usance nach nicht an die poli-

tische Gesinnung gebunden ist, so noch viel weniger die gelegentliche Mitarbeit. Andererseits aber denkst Du in nationalen Fragen etwas rigoroser als ich und so mußte ich Dich aufmerksam machen. Im Auswärtigen Amt erklärte man mir die Mitarbeiterschaft – ich fragte meinethalben – für möglich, von Berlinern arbeiten Prof. Bie und Camill Hoffmann ständig mit, von Wienern außer mir Robert Müller, Gf. Coudenhove-Kalergi, Hofmannsthal und andere anständige Leute. Mit Deiner akademischen Stellung wirst Du nicht in Konflikt geraten, aber das Blatt ist mir widerwärtig; vielleicht wird es mit der Zeit besser, ich habe ihnen Vorwürfe gemacht.» Die Bemerkung «ich habe ihnen Vorwürfe gemacht» ist auf den vorliegenden Brief an Laurin zu beziehen.

71 Diese Konflikte strebten gerade damals in dem «Milliardentaumel von Boulogne und London» (W. Rathenau, Briefe, 2. Bd., Berlin 1926, S. 311) einem neuen Höhepunkt zu und führten zum Londoner Ultimatum vom 6. Mai 1921, das Deutschland zu Reparationszahlungen in Höhe von 132 Milliarden Mark verpflichtete, vgl. Gilbert Badia, Histoire de l'Allemagne contemporaine (1917–1962). Tome premier. Paris 1962, S. 179 f.

72 Vgl. GW II, S. 242: «Bei allen nationalen Vorwürfen, die man macht, aber nicht vergessen, wie sehr auch Deutschland seit Versailles versagt hat. So sehr, daß darin eine Rechtfertigung für die Entente liegt. Wir wollen daher nicht Ankläger sein, wohl aber unerbittlicher Mahner: hier muß ein Unrecht wieder gut gemacht werden!» (Auch diese Tagebucheintragung ist um die gleiche Zeit geschrieben wie der vorliegende Brief.)

73 Vgl. Jaroslav César und Bohumil Černý, Politika německých buržoazních stran v Československu v letech 1918–1938. Díl I. (1918 bis 1929). Praha 1962, S. 232: «Die tschechoslowakischen Regierungskreise unterstützten auch in diesem Zeitraum [1921–1923] vorbehaltlos die Politik des französischen Imperialismus. Sie beteiligten sich aktiv an der gegen die Sowjetunion gerichteten Einkreisungspolitik. Vorbehaltlos unterstützten sie die französische Deutschland-Politik und bereiteten sich im Interesse dieser Politik selbst auf eine militärische Auseinandersetzung mit Deutschland vor. Die Tschechoslowakei wurde zum Hauptpfeiler des neuen französischen Blocks in Mitteleuropa.»

74 Ähnliche Gedanken finden sich, auch ähnlich formuliert, in einer «Panama»-Notiz Musils aus der gleichen Zeit (GW II, S. 241); vgl. auch GW II, S. 227 und Karl Kraus, Gespenster. In: Die Fackel, Nr. 514 bis 518/XXI (August 1919), S. 24–26.

75 Zur Problematik der Friedensverträge und ihrer Durchführung vgl. W. I. Lenin, Über den Versailler Vertrag. (Zusammenstellung von A. S. Jerusalimskij und L. J. Lenidow.) Mit einem Vorwort von E. Varga. Wien/Berlin 1933.

76 Die PP benutzte die Tatsache, daß aus ihr selbst zunächst «nicht recht klug zu werden» war, um ihre «Offiziosität» so lange wie möglich vor der Öffentlichkeit zu verschleiern. So ist zum Beispiel in der 50. Ausgabe von «Sperlings Zeitschriften-Adressbuch» (Leipzig 1923)

ein Strohmann namens «Wilhelm Neffzern» als Chefredakteur der PP genannt.

77 Vgl. GW II, S. 227: «Die Aufgabe Deutschlands jetzt wäre: nicht Völkerbund und kompromittierte, unoriginelle Zivilisationsideale, sondern Überwindung des Staats, Kritik des Staats.»

78 Robert Müller (* Wien 29. Oktober 1887, † Wien 27. August 1924), Erzähler, Dramatiker, Essayist. Robert Musils Nachruf auf ihn (GW II, S. 745–750) erschien zuerst in der PP: Robert Müller. Von Robert Musil. In PP Nr. 244/IV (Mittwoch, den 3. September 1924), S. 4–5, vgl. BPB II, S. 21.

79 Gemeint ist nicht der Kalendermonat, sondern der Zeitraum eines Monats, der seit dem Erscheinen der ersten Nummer der PP (21. März 1921) verstrichen war.

80 Bis zum 23. April 1921 waren folgende Beiträge von Robert Musil in der PP erschienen: Zusammenhänge? Von Robert Musil (Wien). In: PP Nr. 3/I (Mittwoch, den 30. März 1921), S. 3–4; Wiener Theaterereignisse. Wien, 28. März. [Am Ende gez.:] Robert Musil. Ebd., S. 7; Moskauer Künstlertheater. Von Robert Musil (Wien). In: PP Nr. 25/I (Freitag, den 22. April 1921), S. 3–4.

81 Kunst-Ein- und Ausdrücke. Von Robert Musil (Wien) In: PT Nr. 34/I (Sonntag, den 1. Mai 1921), Sonntags-Beilage, S. 11–12.

82 Gemeint ist die Uraufführung von Romain Rollands Drama *‹Le Temps viendra›* (1902) in Stefan Zweigs Übersetzung (*‹Die Zeit wird kommen›*, 1920) durch Alfred Bernau am Wiener Deutschen Volkstheater, vgl. DÖLG IV, S. 2024. Musils Artikel darüber ist in der PP nicht erschienen.

83 Ein Brief Musils an Pick vom 22. April hat sich im Nachlaß Arne Laurins nicht vorgefunden.

84 Musil wollte oder sollte die «Anwerbung von Mitarbeitern» weiterbetreiben, vor allem wohl für die literarische Beilage der Pfingst-Nummer (= Nr. 48 vom 15. Mai 1921). Er machte seine Bereitschaft dazu von einer klärenden Antwort auf die in dem vorliegenden Brief aufgeworfenen Fragen abhängig. Ob er diese Antwort bekommen hat, und wenn ja, wie sie im einzelnen ausgefallen ist, ist ungewiß. Fest steht nur, daß Musil etwa im April 1921 Max Mell für die PP zu gewinnen suchte. Der nicht näher datierte Brief an Mell, den der Adressat Herrn Karl Corino zur Verfügung stellte, hat folgenden Wortlaut:

Montag

Verehrter Herr Mell.

Ich habe Ihnen schon einmal einen verunglückten Besuch gemacht und heute gelang es wieder nicht. Zweck war – neben dem Wunsch, Sie endlich wiederzusehn –: ich wollte Sie fragen, ob Sie für die Prager Presse (das neue, wie ich hoffe bloß verleumdete Masaryk Organ) schreiben möchten? (Honorar 1000 K für den Aufsatz) Worüber immer, bis auf Theatervorstellungen und Kunstausstellungen, für die ich engagiert worden bin. Vielleicht geben Sie mir Gelegenheit, das Nähere zu besprechen. Meine Adresse ist III. Ungargasse 17; ich bin aber nie zuhause, sondern tagsüber im Kriegsministerium. Dort habe ich Telf. Klappe 187 und bin durch dieses am sichersten zwischen 5 u 7^h nm. zu erreichen. Wenn Sie wollen komme ich auch in ein Café oder zu Ihnen.

Mit den herzlichsten Empfehlungen u Grüßen

Ihr
Robert Musil.

Daß Musil auch Arthur Schnitzler für die PP anwerben wollte, geht aus einem Brief hervor, den Marie-Louise Roth in Études Germaniques, Jg. 1968, S. 401, publiziert hat. Auffällig ist daran, wie sich Musil lediglich für das *Niveau* des Literaturteils der PP verbürgt:

Wien, III – Ungargasse 17

3. Dezember 1921.

Sehr geehrter Herr Professor!

Die «Prager Presse» hat sich an mich mit dem Ersuchen gewandt, Sie um Ihre geschätzte Mitarbeit zu bitten, weil sie irrtümlich annahm, ich vermöchte dieser Bitte einen Nachdruck zu geben. Ich kann dies höchstens durch den Hinweis tun, daß die Feuilletonredaktion dieser Zeitung sich wirklich mit Erfolg bemüht, dem Literaturteil einen geistigen Inhalt zu geben und daß Bahr, Hofmannsthal, Robert Müller, Werfel, Coudenhove, Rudolf Kayser, Bie, Michel dort Beiträge veröffentlicht haben. Sollten Sie geneigt sein, der Einladung zu folgen – entweder mit einer Dichtung oder um zu irgend welchen Fragen Stellung zu nehmen – so bitte ich Sie, entweder mich zu verständigen oder sich direkt mit der Redaktion (Prag II, Jungmannova 21) in Verbindung zu setzen.

Ich bitte Sie, Ihnen bei dieser Gelegenheit meine Verehrung ausdrücken zu dürfen, und bleibe Ihr hochachtungsvoll ergebener

Robert Musil.

85 Robert Musil, Ein Volksstück. (Die Rax. Ein Wiener Schauspiel von Hans Stiftegger. Uraufführung am Deutschen Volkstheater in Wien.) In: PP Nr. 72/I (Donnerstag, den 9. Juni 1921), S. 5–6. – Das Datum des Briefes, «10. VI.», ist demnach durch die Jahreszahl 1921 zu ergänzen.

86 Walther Rathenau, den Musil Januar 1914 in Berlin kennengelernt hatte (vgl. GW II, S. 166 f.), war nach dem Amtsantritt des neuen Reichskanzlers Joseph Wirth im Mai 1921 in dessen Kabinett berufen und am 29. Mai zum Minister für Wiederaufbau ernannt worden, vgl. Walther Rathenau, Briefe, 2. Bd., Dresden 1926, S. 311 ff. Aus diesem Anlaß dürfte Musil den erwähnten «Artikel ... über Rathenau» geschrieben haben, der in der PP nicht erschienen ist.

87 Es handelt sich hier noch nicht um die Buchausgabe des Schauspiels ‹*Die Schwärmer*›, die im Herbst 1921 im Sibyllen-Verlag zu Dresden erschien, sondern erst um ein Manuskript, vgl. LWW, S. 283: «Der Druck meines Buches soll erst jetzt beginnen» (Musil an G. J. von Allesch, 1. Juni 1921).

88 Vgl. dazu Musil an G. J. von Allesch, Wien 1. Juni 1921: «... im

Juli sind wir in Steinach a. Brenner» (LWW, S. 284). Ferner den Kopf des Briefes vom 15. Juli 1921 an G. J. von Allesch: «Steinach in Tirol, Gasthof zur Rose» (LWW, S. 285). Musil hatte in dem an der Brennerbahn gelegenen Steinach, «einem von ihm und seinen Eltern gern besuchten Ort» (LWW, S. 223), schon vor dem Ersten Weltkrieg Urlaubstage verbracht, vgl. GW II, S. 135: «12. 7. 1911. Steinach (gestern angekommen nach 4wöchentlicher Waffenübung in Brünn.)»

89 Gemeint ist eine «M. M.» signierte Moissi-Porträtskizze zu dem Aufsatz: Moissi-Gastspiel. Von Robert Musil (Wien.) In: PP Nr. 189/I (Mittwoch, den 5. Oktober 1922), S. 6–7, vgl. BPB II, S. 17; T, S. 48–52, 250. Die zuerst in BPB II ausgesprochene Vermutung, daß die Initialen «M. M.» für «Martha Musil» stehen, wird durch diesen Brief bestätigt.

90 Eine Musil-Porträtskizze von Martha Musil erschien zu dem Aufsatz: Oskar Maurus Fontana, Robert Musil und sein Werk. Von O. M. Fontana. (Mit einer Musil-Porträtskizze von Martha Musil.) Vgl. Martha Musil an Laurin, 5. Oktober 1921, und Robert Musil an Laurin, 30. April 1922.

91 In: PP Nr. 137/II (Sonntag, den 21. Mai 1922). Von den «einliegenden Zeichnungen»/reproduzierte die PP eine Barbusse-Porträtskizze zu dem Aufsatz: Der Dichter am Apparat. [Am Ende gez.:] Robert Musil (Wien). In: PP Nr. 198/I (Freitag, den 14. Oktober 1921), S. 4, vgl. BPB II, S. 17.

92 Auf wen Musil mit dieser Namenkontamination zielt, ist nicht mit Sicherheit zu entscheiden; vielleicht auf H a n s R e i m a n n, von dem im August 1921 eine Parodie auf den Ernst-Theodor-A m a d e u s-Hoffmann-Epigonen H a n n s H e i n z Ewers erschienen war: Ewers. Ein garantiert verwahrloster Schundroman in Lumpen, Fetzchen, Mätzchen und Unterhosen von H a n n s H e i n z Vampir. Die Parodie schrieb und den Einband zeichnete H a n s R e i m a n n. Hannover: Paul Steegemann 1921 (=Die Silbergäule. Bd. 137–146). (Hervorhebungen von den Hg.) – Eine Koppelung ähnlicher Art hatte Karl Kraus in einer satirischen Musterung eines Staackmann-Verlagsalmanachs (Taschenbuch für Bücherfreunde. Leipzig 1913) als Sammelnamen für die «Staackmänner», die Autoren des Verlags, vorgeschlagen: «Es ist jene von mir schon manchmal berufene Literatur, die einen einzigen blondbärtigen Herrn zum Verfasser haben könnte, den ich Hans Heinz Hinz Greinz Kunz Kienzl nenne oder so ähnlich ...» (Karl Kraus, Literatur und Lüge. Wien/Leipzig 1929, S. 318).

93 Der «lange Hauptmannbericht» war von Musil wohl anläßlich der Wiener Hauptmann-Ehrungen vom 11. November 1921 und in Hinblick auf die Prager Hauptmann-Ehrungen am 18. und 19. November 1921 geschrieben worden, vgl. C. F. W. Behl und Felix A. Voigt, Gerhart Hauptmanns Leben. Chronik und Bild. Berlin 1942, S. 40. In Wien hatte Hauptmann seine Rede «Deutsche Wiedergeburt» gehalten und das Ehrenzeichen der Universität Wien verliehen bekommen, in Prag hielt er am 18. November 1921 einen Vortrag in der «Urania» und wurde am 19. November auf Antrag des Rektors und des Dekans Oskar Kraus durch August Sauer zum Ehrendoktor der Philosophi-

schen Fakultät der Deutschen Universität in Prag promoviert, vgl. Hauptmanns Ehrenpromotion. In: DZB Nr. 272/XCIV (20. November 1921), S. 9–10; Karl Kraus, Wenn ich Gerhart Hauptmann wäre. In: Die Fackel, Nr. 583–587/XXIII (Dezember 1921), S. 1–8 (zur Wiener Hauptmann-Ehrung); ders., Wenn jemand eine Reise tut. Ebd., S. 9–14 (zur Prager Ehrenpromotion).

94 Diese Bitte, die Verspätung zu entschuldigen, bezieht sich wohl auf einen Wunsch Laurins oder Picks, den «Hauptmannbericht» über die Wiener Ehrungen noch vor oder doch wenigstens gleich zu Beginn des Prager Aufenthalts Gerhart Hauptmanns (15.–20. November 1921) zu erhalten.

95 Der Beitrag, der «etwas über die Moskauer» bringt, ist: Nachwort zum Moskauer Künstlertheater. Von Robert Musil (Wien). In: PP Nr. 240/I (Freitag, den 25. November 1921), S. 4–5, vgl. BPB II, S. 18; T, S. 55–58. Der vorliegende Brief muß also zwischen dem 11. November und dem 25. November 1921 geschrieben worden sein.

96 Der «Beitrag für die Weihnachtsnummer»: Begräbnis in A. Von Robert Musil. In: PP Nr. 270/I (Sonntag, den 25. Dezember 1921, Beilage «Weihnachten 1921»), S. 18, vgl. BPB II, S. 18.

97 Es handelt sich um den niederösterreichischen Kurort Reichenau, etwa sechzig Kilometer südwestlich von Wien zwischen Schneeberg und Raxalpe unweit des Semmering am Eingang des Höllentals der Schwarza gelegen, wo Martha und Robert Musil auch den Sommer 1936 und 1937 verbrachten, vgl. LWW, S. 313; GW II, S. 380, 444, 446.

98 Zu dieser neuen Adresse vgl. LWW, S. 238 f. und 264: «Die Kritikertätigkeit [an der PP] bildete für Musil, da sie in wertbeständigen tschechischen Kronen gut bezahlt wurde, die Voraussetzung, daß er sich Anfang November 1921 die Wohnung Tür 8 im 2. Stock des Hauses Rasumofskygasse 20, einem großen, alten fürstlichen Bau aus theresianischer Zeit im 3. Wiener Bezirk kaufen konnte, die er dann 16 Jahre bewohnte ... Nach freundlicher Auskunft der Polizeidirektion Wien behielt Robert Musil die Wohnung in der Ungargasse 17, Tür 7, bis 1. Jänner 1922, mietete die Wohnung in der Rasumofskygasse 20, Tür 8, aber bereits ab Anfang November 1921 und meldete sich dort mit 2. November 1921 an, um den Umzug in Ruhe vollziehen zu können.»

99 Irrtum Musils in der Datierung der Wochentage. Ein Sonntag war der 15. Januar 1922, dessen Datum der vorliegende Brief trägt; der 16. Januar fiel auf einen Montag.

100 «Molièrefeier»: Feierlichkeiten zum 300. Geburtstag Molières (15. Januar 1922), der unter anderem auch durch gleichzeitige Molière-Aufführungen an der Pariser Comédie Française und am Wiener Burgtheater festlich begangen wurde, vgl. Anton Wildgans, Ein Leben in Briefen. Herausgegeben von Lilly Wildgans. Bd. 2. Wien 1947, S. 268: «Und so ging auch am gestrigen Tage [am 15. 1. 1922] zur selben Stunde, wo in der Comédie Française der ‹Bürger als Edelmann› gespielt wurde, im Burgtheater zu Wien ‹Der eingebildete Kranke› als

Festvorstellung in Szene, und einer der ersten Dichter Österreichs [Hugo von Hofmannsthal] hat dazu einen Prolog geschrieben.» (Aus der Pariser Festansprache von Anton Wildgans, 16. Januar 1922.)

101 Anton Wildgans (* Wien 17. April 1881, † Mödling bei Wien 3. Mai 1932), österreichischer Lyriker und Dramatiker, vom 1. Februar 1921 bis 30. Juni 1922 und vom 1. Juli 1930 bis 31. Dezember 1931 Direktor des Wiener Burgtheaters. Zu seiner Teilnahme an der «offiziellen Molièrefeier in Paris» vgl. Anton Wildgans, Ein Leben in Briefen. Herausgegeben von Lilly Wildgans. Bd. 2. Wien 1947, S. 266 ff. Musil hat seiner ablehnenden Haltung zu Wildgans wiederholt scharfen Ausdruck gegeben. 1937 schrieb er in sein Tagebuch, er habe «Wien verlassen, weil Rot und Schwarz darin einig gewesen sind, in Wildgans einen großen österreichischen Dichter verloren zu haben» (GW II, S. 451).

102 Dr. jur. Raoul Auernheimer (* Wien 15. April 1876, † Berkeley, Calif. 6. Januar 1948 [nach anderen Quellen: Oakland, Calif. 7. Januar 1948]), österreichischer Schriftsteller und Journalist, 1906 bis 1933 Redakteur der *Neuen Freien Presse,* als Nachfolger Hugo Wittmanns (1839–1923) deren Burgtheaterreferent; vgl. den Bericht über die «Fête Molière» in: Raoul Auernheimer, Das Wirtshaus zur verlorenen Zeit. Erlebnisse und Bekenntnisse. Wien 1948, S. 209–212.

103 Vgl. Die Fackel, Nr. 588–594/XXIII (März 1922), wo Karl Kraus in mehreren Beiträgen «unpassende Dinge» über diese Feiern, über Auernheimer, Wildgans und die «Nichtladung reichsdeutscher Autoren» äußert: «Österreich bei der Molière-Feier» (S. 25); «Annäherung der Nationen» (S. 38 f.); «Einzug in Paris» (S. 96–102); «Wien im Lichte Molières» (S. 103–108).

104 Der nächste Bericht ist: Grillparzer-Feier in Wien. Von Robert Musil. In: PP Nr. 25/II (25. Januar 1922), S. 7. Über die Molière-Aufführung im Burgtheater enthält er nichts, vgl. BPB II, S. 28; T, S. 68 bis 70.

105 Egon Friedell (eig. Friedmann, * Wien 21. Januar 1878, † Wien 16. März 1938 durch eigene Hand), Kulturhistoriker, Satiriker, Essayist.

106 Giovanni Papini (* Florenz 9. Januar 1881, † Florenz 8. Juli 1956), ursprünglich militanter Glaubensfeind und Kirchengegner, war 1920 in den Schoß der katholischen Kirche zurückgekehrt und hatte 1921 als erstes Buch nach dieser verblüffenden Wendung ‹*La storia di Cristo*› veröffentlicht: eine Sensation, die damals viel von sich reden machte und einem «Aufsatz aus Italien über Papini» das Interesse aller Zeitungsleser sichern mußte. Der Verfasser des hier übermittelten und in der PP tatsächlich auch erschienenen Aufsatzes war Robert Musils Stiefsohn Gaetano Marcovaldi (* Rom 20. Mai 1899), der Sohn Martha Musils aus ihrer zweiten, geschiedenen Ehe mit dem italienischen Kaufmann Enrico Marcovaldi. Vgl. Gaetano Marcovaldi, Giovanni Papinis Wandlungen. In: PP Nr. 36/II (Sonntag, den 5. Februar 1922), Beiträge «Dichtung und Welt», S. II.

107 Musils «Vertrauen auf die Generosität des Verwaltungsrates» der PP scheint nicht belohnt worden zu sein; Klagen und Beschwerden über vereinbarungswidrige Sparmaßnahmen des Verwaltungsrates

sind ein Leitmotiv, das in späteren Briefen wiederkehrt und 1922 in Zusammenhang mit der durch die Inflation bewirkten zunehmenden Teuerung zu sehen ist, vgl. die Liste der horrenden Preise in Musils Brief an G. J. von Allesch vom 16. Dezember 1921, die durch den Satz ergänzt wird: «Man sagt aber allgemein, daß diese Preise im nächsten Monat bis aufs Doppelte steigen werden» (LWW, S. 286). Sie stiegen im Laufe des Jahres 1922 noch weiter, und bis zur Unterzeichnung der Genfer Protokolle vom 4. Oktober 1922 war die österreichische Krone auf den 15 000. Teil ihres Goldwertes gesunken.

108 Wiederum wird hier Beschwerde gegen Maßnahmen des Verwaltungsrats der PP geführt, die Musil schließlich im Sommer 1922 zu seinem «abrupten Weggehen» bewogen.

109 Béla Balázs (eig. Herbert Bauer, * Szegedin 4. August 1884, † Budapest 17. Mai 1949), vgl. LSL, S. 78: «1918 wurde Balázs Mitglied der Kommunistischen Partei Ungarns und nahm aktiv am Kampf der Ungarischen Räterepublik teil. Er war Mitglied des Schriftsteller-Direktoriums und Leiter der Abteilung Theaterwesen im Volkskommissariat für Kultur. Balázs kämpfte in den Reihen der ungarischen Roten Armee. Nach der Niederlage der Räterepublik [1. August 1919] emigrierte Balázs zunächst nach Österreich, wo er [von 1922 bis 1926] als Filmkritiker der bürgerlichen Zeitung ‹Der Tag› tätig war.» 1922 lagen folgende Bücher von Béla Balázs in deutscher Sprache vor: Sieben Märchen. (Aus dem Ungarischen übersetzt von E. Stephani.) Wien: Rikola Verlag 1921; Herzog Blaubarts Burg. Oper in 1 Akt von Béla Balázs. Übertragen von Wilhelm Ziegler. Musik von Béla Bartók, op. 11. (Textbuch.) Wien: Universal-Edition (1922); Der holzgeschnitzte Prinz. Tanzspiel in 1 Akt. Musik von Béla Bartók, op. 13. Wien: Universal-Edition (1922) (= Universal-Edition Nr. 6636); Der Mantel der Träume. Chinesische Novellen. München: D. R. Bischoff 1922. – *‹Der Mantel der Träume›* war soeben von Thomas Mann in der *Neuen Freien Presse* lobend besprochen worden (Thomas Mann, Ein schönes Buch. In: Neue Freie Presse, Nr. 20 734, 1. März 1922), und auch der durch Musil übermittelte, in der PP aber nicht erschienene Aufsatz über Balázs dürfte aus Anlaß dieses Buches geschrieben worden sein.

110 Drei Jahre später, als von Béla Balázs *‹Der sichtbare Mensch oder Die Kultur des Films›* (Wien: Deutsch-Österreichischer Verlag 1924) erschienen war, hat Robert Musil eine solche Würdigung selbst vorgenommen, vgl. GW II, S. 667–683 und 943.

111 Dr. phil. Eugen Neresheimer (* München 16. Februar 1876), Naturwissenschaftler, Privatdozent an der Universität Wien, Ministerialrat. In seiner Jugend hatte er auch eine Dichtung veröffentlicht, *‹Die Komödie der Liebe›* (1902), vgl. Giebisch-Gugitz, S. 276. – Musil war nach Aussagen von Frau Martha Friedländer, Wien, mit Herrn und Frau Neresheimer, die GW II, S. 236, vorkommt, befreundet.

112 Die PP räumte der Berichterstattung über die zur Überwindung der Nachkriegsdepression einberufene Konferenz von Genua (10. April bis 19. Mai 1922) sehr breiten Raum ein, was Auswirkungen auf Anzahl, Auswahl und Umfang der übrigen Beiträge zur Folge hatte.

Zum Mißverhältnis zwischen den riesigen Kosten und den nichtigen Ergebnissen der Konferenz von Genua vgl. Karl Kraus, Genua. In: Die Fackel, Nr. 595–600/XXIV (Juli 1922), S. 1–22 und das Epigramm «Genua», Die Fackel, Nr. 601–607/XXIV (November 1922), S. 68: «Viel Schwatzen und Schmausen und Lungern / und Laufen und Saufen durch Wochen / in diesem lachenden Lenz. / Und nur e i n e Wahrheit gesprochen: /‹Die Völker Europas hungern / nach dieser Konferenz.›»

113 Vgl. dazu Martha Musil in ihrem Brief an Laurin vom 5. Oktober 1921 sowie Robert Musils Brief an Pick vom 24. Mai 1922 und die Anmerkungen dazu.

114 PP Nr. 137/II (Sonntag, den 21. Mai 1922, Beilage «Dichtung und Welt»), S. II: Robert Musil und sein Werk. Von O. M. Fontana. (Mit einer Musil-Porträtskizze von Martha Musil.) Vgl. Martha Musil an Laurin, 5. Oktober 1921, und Robert Musil an Laurin, 30. April 1922.

115 Die Ankündigung bezieht sich auf: Wiener Theaterbericht. [Am Ende gez.:] Robert Musil. In: PP Nr. 147/II (Mittwoch, den 31. Mai 1922), S. 6, vgl. T, S. 105 f.

116 Die Ankündigung bezieht sich auf: Wiener Frühjahrsausstellungen. Von Robert Musil. In: PP Nr. 154/II (Donnerstag, den 8. Juni 1922), S. 5, vgl. BPB II, S. 20.

117 Die hier angekündigte «kleine Studie über Schauspielerprobleme» konnte in der PP nicht gefunden werden.

118 Mit dem «prinzipiellen Aufsatz über Theaterfragen» ist «Symptomen-Theater» gemeint, dessen 1. Teil im Juni-Heft 1922 der Münchener Zeitschrift *Der Neue Merkur* erschien, vgl. GW II, S. 719–726 und 942; T, S. 112–121, 140–147, 257, 260.

119 Das Datum «17. 6.» ist durch die Jahreszahl 1922 zu ergänzen, vgl. auch das fünf Zeilen weiter unten angeführte Datum «Freitag den 23.» [6.], das mit dem Kalendarium des Jahres 1922 übereinstimmt.

120 Das berühmte Wiener Literatencafé, vgl. Anton Kuh, «Central» und «Herrenhof». In: Der unsterbliche Österreicher. München (1931), S. 18–23.

121 Mit «Ministerium» ist das «Österreichische Staatsamt für Heereswesen» gemeint, für dessen II. Sektion Musil vom 2. September 1920 bis Ende 1922 als Fachbeirat arbeitete, vgl. LWW, S. 236–238.

122 Vgl. Das Licht. Erstaufführung im Stadttheater in Wien. [Am Ende gez.:] Robert Musil. In: PP Nr. 267/II (Mittwoch, den 21. Juni 1922), S. 7, vgl. BPB II, S. 20 und T, S. 110 f.

123 Vgl. Der Wettlauf mit dem Schatten. [Am Ende gez.:] Robert Musil. In: PP Nr. 171/II (Sonntag, den 25. Juni 1922), S. 12, vgl. BPB II, S. 20 und T, S. 111 f.

124 Einen Hinweis auf die zeitliche Einordnung dieses «Zettelchens» gibt die Bemerkung in Musils Brief an Laurin vom 8. Juli 1922, er habe es seinem «vorletzten Artikel» beigelegt. Gemeint ist der Beitrag: Der Wettlauf mit dem Schatten. [Am Ende gez.:] Robert Musil. In PP Nr. 171/II (Sonntag, den 25. Juni 1922), S. 12. Das diesem Artikel beigelegte «Zettelchen» muß demnach nur wenige Tage vor dem 25. Juni 1922 geschrieben worden sein.

125 Dr. jur. Rudolf Olden (* Stettin [Szczecin] 14. Januar 1885, ertrunken bei der Versenkung des englischen Kinderevakuierungsschiffes «City of Benares» auf der Überfahrt von England nach Amerika, 17. September 1940), Redakteur der Wiener Wochenschrift *Der Friede* (1918/19) und der an sie anschließenden Tageszeitung *Der neue Tag* (1919/20); von 1922 bis 1925 Redakteur der Wiener Tageszeitung *Der Tag*, danach bis 1933 beim *Berliner Tageblatt* als politischer Redakteur und Mitherausgeber. Schon in den zwanziger Jahren setzte Rudolf Olden als Kritiker sich nachdrücklich für Robert Musil und dessen Werk ein. 1939 inspirierte und organisierte er die Hilfsaktion des Londoner PEN-Clubs für Robert Musil, vgl. GW II, S. 323, 472, 526, 527; LWW, S. 235; Thomas Mann an Rudolf Olden, Princeton, 1. Juni 1939, in: Briefe 1937–1947. Herausgegeben von Erika Mann. Berlin und Weimar 1965, S. 103 f.

126 Die Salzburger Sommerfestspiele fanden 1922 zum drittenmal statt, vgl. MGG XI (1963), Sp. 1326 f.: «Die von Heinrich Damisch (1870 bis 1961) und Friedrich Gehmacher (1866–1942) 1917 gegründete Salzburger Festspielhausgemeinde schuf die Voraussetzung für jährliche Festspiele. Hugo von Hofmannsthal, F. Schalk, M. Reinhardt, A. Roller, B. Walter und R. Strauss verwirklichten sie ... Seit 1920 finden, ausgenommen 1924 und 1944, regelmäßig sommerliche Festspiele mit Opern, Konzerten und Schauspielaufführungen statt.»

127 «Lieber Pan!», die Anrede dieses Briefes, steht ohne Zweifel in Zusammenhang mit der gleichlautenden Anrede eines fingierten Briefes («Lieber Pan – !»), den Adolf Frisé nach einem «handschriftlich korrigierten Fahnenabzug» aus dem Nachlaß Robert Musils abgedruckt hat (GW III, S. 581–583). Zu dieser Art, den Chefredakteur als antiken «Flötengott» (GW III, S. 583) anzurufen, vgl. die humoristische Anrede in Musils Brief an Laurin vom 15. Juni 1923: «Allmächtiger Gott! (das sind Sie) ...» Daneben hat Musil wohl auch an die Homonymie Pan (der Gott) / pan bzw. pán (das tschechische Wort für «Herr») gedacht, vgl. die Stelle aus Musils Brief an Laurin vom 23. Juni 1923: «Zum Schluß ... mein tägliches Gebet: Herr! Wenn Du mich schon schreiben machst wie Mark Twain vom Melonenbaum und dem Gurkenstrauch, so verhindere wenigstens, daß von 3 Nummern der P. P. mindestens 2 ohne diese herrlichen Beiträge erscheinen!»

128 Adresse der Schwester Martha Musils, «die zusammen mit ihrem Gatten den Kunstsalon Casper in Berlin inne hatte» (LWW, S. 220, vgl. LWW, S. 233 und GW II, S. 116).

129 Musil, der vom 2. September 1920 bis Ende 1922 Fachbeirat der Sektion II des Staatsamtes für Heereswesen war (vgl. LWW, S. 236), trat diese Reise nach Berlin im Auftrag seiner Dienststelle an, vgl. LWW, S. 237: «Am 13. Juli erhält Musil den Auftrag, nach Berlin zu fahren und dort eine Aussprache mit dem Bearbeiter der Frage ‹Psychotechnik im Heere› beim Reichswehrministerium zu pflegen. Er blieb dort bis Ende August, wohl auch, um mit Rowohlt zu verhandeln, der ja seit 1923 Musils Verleger wird, und nimmt von dort als Fachbeirat

zu einem Referentenentwurf über Geistesausbildung am 30. August 1922 Stellung.» Die Angaben des vorliegenden Briefes und des Briefes an Pick vom 15. Juli 1922 bestimmen Musils «Zeit-Raum-Kurve» etwas genauer: Er verbrachte nur ein Drittel der Zeit in Berlin, den ganzen August «in irgend einem Seebad», und zwar, wie Dr. Otto Rosenthal am 28. Dezember 1969 Karl Corino mitteilte, in Koserow auf Usedom, von wo aus er auch seinen letzten Beitrag vor seinem «abrupten Weggehn» an die PP sandte: Fischer auf Usedom. Von Robert Musil. In: PP Nr. 230/II (Donnerstag, den 24. August 1922), S. 3 (= «Fischer an der Ostsee», GW III, S. 454). Auf der Rückreise über Berlin konnte er «von dort» die erwähnte Stellungnahme vom 30. August abgeben.

130 Dr. phil. Hermann Sinsheimer (* Freinsheim/Rheinpfalz 6. März 1885, † London Anfang September 1950), zeitweilig Direktor der alten Münchner Kammerspiele, Schauspielreferent bei den *Münchner Neuesten Nachrichten*, dann beim *Berliner Tageblatt*, vgl. die Tagebucheintragung vom 9. März 1930 (GW II, S. 324): «Gestern abend nette Einladung von Sinsheimer, der jetzt beim *Berliner Tageblatt* ist, für die ‹3.› Seite. Weiß nicht, was das ist.»

131 Die hier erwähnte Karte Otto Picks an Musil hat sich in dessen römischen Nachlaß nicht vorgefunden. Von welchen «Bemühungen» Picks darin die Rede war und welche «Nachrichten» angekündigt wurden, ließ sich nicht feststellen; wahrscheinlich standen sie aber in Zusammenhang mit Musils Verhandlungen um eine Aufführung seines Schauspiels *‹Die Schwärmer›*, von denen in diesem Brief die Rede ist.

132 Vgl. den Brief Robert Musils an Arne Laurin vom 8. Juli 1922 und die Anmerkungen dazu.

133 Gemeint ist eine Bühnenfassung des Schauspiels *‹Die Schwärmer›*, dem seit seinem Erscheinen hartnäckig der Ruf anhaftete, ein unter den damaligen deutschen Theaterverhältnissen unspielbares oder doch nur sehr schwer spielbares Drama zu sein, vgl. Robert Müller, Robert Musils «Schwärmer». In: PP Nr. 191/I (Freitag, den 7. Oktober 1921), S. 7: «Als Buch sind ja diesen ‹Schwärmern› die Leser gesichert ... Das heutige Theater müßten sie im Personal umschaffen. Die Russen könnten es am besten spielen.» Das Theater, mit dem Musil die Besprechung führte, war das Berliner Theater «Die Tribüne», an dem (nach einer wahrscheinlich von Otto Pick formulierten Notiz in der PP) *‹Die Schwärmer›* noch im Laufe der Spielzeit 1922/23 aufgeführt werden sollten, vgl. BPB I, S. 56.

134 Die hier erwartete «nähere Nachricht» bezieht sich auf die eingangs erwähnten «angekündigten Nachrichten», die wohl über den Ausgang von Bemühungen Otto Picks berichten sollten, eine Prager Aufführung der *‹Schwärmer›* zu vermitteln. Die Stelle wäre demnach so zu verstehen, daß Musil die Definitiva der Bühnenfassung senden will, sobald er «nähere Nachricht» darüber hat, daß das Prager Deutsche Theater sich an der Aufführung des Stückes interessiert zeigt. Für die Wahrscheinlichkeit der Annahme, daß Otto Picks «Bemühungen» in diese Richtung gingen, wäre der Umstand anzuführen, daß er auch später noch für eine Prager Aufführung eintrat, und zwar in der Vor-

bemerkung zu dem Vorabdruck eines Fragments der Posse ‹*Vinzenz*›, vgl. PP Nr. 312/III (Dienstag, den 13. November 1923), S. 4: «Das Schauspiel ‹Schwärmer› von Robert Musil ist noch unaufgeführt. Hier würde sich dem Prager Deutschen Theater eine ebenso interessante wie dankbare Gelegenheit zur Uraufführung eines heimischen deutschen Autors bieten!»

135 Wahrscheinlich handelt es sich um einen der beiden Brüder Josef Čapek (1887–1945) und Karel Čapek (1890–1938); um welchen von beiden, ist allerdings nicht zu entscheiden: mit beiden war Pick bekannt, von beiden hatte er mehrere Werke übersetzt, beide waren seit 1921 Redakteure der Masaryk und infolgedessen auch der PP nahestehenden Prager tschechischen Tageszeitung *Lidové noviny*.

136 Gemeint ist die Anfrage in Musils Brief an Laurin vom 8. Juli 1922.

137 Musil hatte mit Ende August seine Tätigkeit als Wiener Theaterreferent und ständiger Mitarbeiter der PP eingestellt und war, offenbar mit Wirkung vom 1. September 1922, Wiener Theaterreferent der DZB geworden, vgl. BPB II, S. 15. Musils vorläufig letzter Beitrag, für die PP, «Fischer auf Usedom», war in PP Nr. 230/II (Donnerstag, den 24. August 1922), S. 3, erschienen, sein erster Beitrag für die DZB, «Reinhardts Einzug in Wien», in DZB Nr. 218/XCV (Samstag, den 16. September 1922), S. 2. Über diesen Schritt und den Ersatzvorschlag hatte Musil Anfang September auf seiner Rückreise von Berlin nach Wien in Prag mit Arne Laurin und wahrscheinlich auch mit Ludwig Winder (1889–1946), dem Feuilletonredakteur der DZB, mündlich verhandelt, und zwar müssen diese Verhandlungen während dieses Prager Aufenthalts zwischen dem 30. August (Datum einer noch in Berlin abgefaßten Stellungnahme, vgl. LWW, S. 237) und dem 13. September 1922 (Datum der Wiener Reinhardt-Premiere, über die Musil bereits in der DZB berichtete, vgl. BPB I, S. 58) stattgefunden haben. Zu weiteren Hinweisen auf einen Prager Aufenthalt Musils während dieser Zeit vgl. den weiteren Text des vorliegenden Briefes und vor allem die beiden Briefe an Laurin vom 22. September 1922.

138 Vgl. LWW, S. 233: «Der Sohn Gaetano war schon vor dem Kriege zu seinem Vater Enrico Marcovaldi nach Rom gezogen.» Musils Ersatzvorschlag ist nicht akzeptiert worden. Nach Musils «abruptem Weggehn» von der PP blieb deren Wiener Kunst- und Theaterreferat vorläufig unbesetzt, vgl. Richard [Arnold] Bermann (Pseudonym: Arnold Höllriegel, damals Redakteur der Wiener Zeitung *Der Tag*) an Arne Laurin am 13. Oktober 1922: «Ich höre hier sagen, die Prager Presse hätte in Wien augenblicklich keinen Theaterreferenten.»

139 Diese Frage ist in den Briefen Musils an Pick die erste private Erkundigung. Sie und der Umstand, daß in dem vorliegenden Brief – ebenfalls zum erstenmal – die Anrede nicht «Sehr geehrter Herr Pick!», sondern «Lieber Herr Pick!» lautet, legen den Schluß nahe, daß Musil während seines Prager Aufenthalts auch Pick aufgesucht hatte und daß diese Begegnung in gutem gegenseitigem Einvernehmen verlaufen war.

140 Melchior Vischer (* Teplice [Teplitz-Schönau] 7. Januar 1895), Er-

zähler, Dramatiker, Regisseur und Publizist, damals Redakteur der PP, Freund Ludwig Winders, des Feuilletonredakteurs und Prager Theaterreferenten der DZB, vgl. Johannes Urzidil, Café «Arco». In: PT Nr. 184/L (6. Dezember 1925) 1. Beilage, S. 4: «Mit dem Zusammenbruch der österreichisch-ungarischen Monarchie und dem Tode des Oberkellner Poschta hat der Literatentisch des ‹Arco› sein Ende genommen. Die Dichter zerstoben nach allen Weltgegenden, einige wenige (Paul Adler, Melchior Vischer, Ludwig Winder) machten den schwachen Versuch, die alten Gebräuche im Café ‹Edison› wieder aufleben zu lassen.»

141 Musil hatte offenbar einen solchen Brief soeben als Antwort auf seinen Brief an Pick vom 18. September 1922 bekommen.

142 Vgl. BPB, S. 15.

143 Vgl. Musils Brief an Laurin vom 2. März 1921 und die Anmerkungen dazu.

144 Musils nächster Beitrag «bei Gelegenheit einer Literaturbeilage» der PP war erst wieder: Die Freundin bedeutender Männer. Von Robert Musil. In PP Nr. 75/II (Sonntag, den 18. März 1923), Beilage «Dichtung und Welt» Nr. 11, S. I, vgl. BPB II, S. 21. Ein Zusammenhang dieser Veröffentlichung mit dem hier gemachten Vorschlag Musils, ein «Äquivalent» dafür zu bieten, daß er ein monatliches Fixum zuviel bezogen hatte, dürfte jedoch nicht bestanden haben.

145 Diese Spesen waren offenbar bis 31. Dezember 1921 ersetzt worden, und mit Beginn des neuen Jahres 1922 hatte sich der Verwaltungsrat geweigert, die vereinbarte Spesenvergütung weiter fortzusetzen, vgl. Musils Brief an Pick vom 15. Januar 1922 und seinen Brief an Laurin vom 30. April 1922.

146 Unter den «zwischen uns vereinbarten Bedingungen» sind die Bedingungen zu verstehen, unter denen Anfang März 1921 das «Engagement» Musils für die PP erfolgt war, vgl. Musils Brief an Laurin vom 2. März 1921.

147 Dieses Ultimatum des Verwaltungsrates war offenbar kurz zuvor an Musil gerichtet worden, wahrscheinlich im Hinblick auf dessen weitere Mitarbeit nach den Theaterferien in der soeben beginnenden Spielzeit 1922/23, vielleicht sogar während Musils Prager Aufenthalt Anfang September.

148 Die Ausführungen Musils in seinen beiden Briefen vom 22. September und die darin angeführten Mitteilungen aus «einem Brief Herrn Otto Picks», den Musil kurz zuvor als Antwort auf seinen Brief an Pick vom 18. September erhalten haben muß, ermöglichen den Versuch einer Rekonstruktion der Vorgänge, die zu Musils «abruptem Weggehn von der PP» geführt hatten: Musil, der Laurin weder in Berlin noch an der See hatte treffen können (vgl. Musil an Laurin am 8. Juli 1922), war auf der Rückreise von Berlin nach Wien über Prag gefahren und hatte dort Station gemacht, um sich mit Laurin zu besprechen und bei dieser Gelegenheit auch Unstimmigkeiten mit dem Verwaltungsrat (VR) der PP zu bereinigen, die seit Beginn des Jahres 1922 immer wieder aufgetaucht waren. Der Verwaltungsrat hatte Musils Vorschläge nicht akzeptiert, sondern es im Gegenteil unternom-

men, ihm «mit vierwöchentlicher Frist» neue, von den ursprünglichen Vereinbarungen abweichende Bedingungen für die weitere Mitarbeit während der bevorstehenden Spielzeit 1922/23 vorzuschreiben. Musil wartete daraufhin die ihm zugebilligte Bedenkzeit nicht ab, sondern beschloß, seine Mitarbeit an der PP bis auf weiteres sofort einzustellen. Diesen Schritt tat Musil mit Wissen Laurins, der ihm versprach, durch den Hinweis auf die strikte Weigerung eines so wertvollen Mitarbeiters, auf die ultimativ gestellten Bedingungen einzugehen, vom Verwaltungsrat ein neues, günstigeres Angebot zu erwirken. Für die «Übergangszeit, bis ... der VR. ein neues Angebot macht», schlug Musil, um eine Kontinuität der Wiener Kunst- und Theaterberichte für die PP zu gewährleisten, «Herrn Gaetano Marcovaldi als Stellvertreter» vor. Dieser Plan Laurins, Musil «wieder der PP. zuzuführen», stieß jedoch auf Schwierigkeiten: vor allem wohl deshalb, weil Musil sich nicht damit begnügte, seine Mitarbeit an der PP einzustellen, sondern darüber hinaus durch die «Übernahme eines Referats in der Bohemia» sofort eine neue Bindung einging, noch dazu an ein Blatt von ziemlich entgegengesetzter Tendenz; und das alles noch vor Ablauf nicht nur der zugebilligten Bedenkzeit, sondern auch vor Ende des Monats September, für den Musil bereits sein monatliches Fixum bezogen hatte. Nach dem 16. September 1922, an dem die DZB den ersten Wiener Theaterbericht Musils gebracht hatte, kam es deshalb in einer Sitzung des Verwaltungsrates zu einer «Explosion», die Laurin, der krankheitshalber verhindert war, an dieser Sitzung teilzunehmen, auch nicht durch Rechtfertigungen oder Erklärungen der Handlungsweise Musils abschwächen konnte. Er wurde im Gegenteil für dessen Verhalten verantwortlich gemacht und hatte sich selbst zu rechtfertigen, zu welchem Zweck Musil einen offiziellen, zur Verwendung für den Verwaltungsrat bestimmten Brief schrieb, der dem *Chefredakteur* Laurin galt, und ihn durch einen privaten Brief an den Freund ergänzte. – Ungeklärt bleibt, ob Laurin in Musils Absicht, die «Übergangszeit, bis ... der VR. ein neues Angebot macht», durch eine Mitarbeit an der DZB zu überbrücken, von vornherein eingeweiht gewesen war. Jedenfalls war sein Plan, Musil «wieder der PP. zuzuführen», durch die «Explosion» des Verwaltungsrates zunächst gründlich vereitelt, Musil, der seine Mitarbeit an der PP in der Hoffnung eingestellt hatte, dadurch den Verwaltungsrat möglichst rasch zu einem «neuen Angebot» zu nötigen, blieb Wiener Theaterreferent der DZB bis Ende des Jahres 1922.

149 Das heißt im Sinne der Absicht, Musil «wieder der PP. zuzuführen», Gaetano Marcovaldi also nur als Ersatz für die «Übergangszeit» zu betrachten, «bis ... der VR. ein neues Angebot macht».

150 Frau Olga Laurin, geborene Weiß. Der Umstand, daß von Empfehlungen an sie erst von diesem Brief an die Rede ist, deutet darauf hin, daß Musil sie erst bei seinem Prager Aufenthalt Anfang September 1922 kennengelernt hatte.

151 Von den beiden Briefen, die Musil am 22. September 1922 an Laurin gerichtet hat, ist hier der erste, offizielle, mit der Anrede «Sehr geehrter Herr Laurin!» beginnende gemeint. «Antwort an den Chef-

redakteur» ist nicht so zu verstehen, daß mit diesem Brief ein Brief Laurins beantwortet wurde, sondern so, daß dieser an Laurin gerichtete Brief gleichzeitig eine Antwort auf den darin erwähnten «Brief Herrn Otto Picks» ist, weshalb Musil dem vorliegenden Brief an Pick eine Kopie beilegt.

152 Die «Abschiedsgrüße» gelten Pick als demjenigen Redakteur der PP, der seinem Ressort nach für Musil «zuständig» gewesen war, vgl. Musils Brief an Laurin vom 15. März 1921: «Heute muß ich mich noch an Sie selbst wenden, in Hinkunft werde ich das nicht Wichtigste mit Herrn Pick besprechen.» Sie sind ein Beleg dafür, daß Musil auf eine Verwirklichung des Laurinschen Plans, ihn «wieder der PP. zuzuführen», nicht mehr rechnete.

153 Andreas Thom (eig. Rudolf Csmarich, * Wien 11. Mai 1884, † Wien 25. Juni 1943), österreichischer Erzähler.

154 Camill Hoffmann (* Kolín 31. Oktober 1878, † Oktober 1944, im Vernichtungslager Auschwitz umgebracht), Journalist, Lyriker und Übersetzer; bis 1918 Feuilletonredakteur, zuerst an der Wiener Tageszeitung *Die Zeit*, dann bei den *Dresdner Neuesten Nachrichten*, 1919 bis 1938 Presseattaché der tschechoslowakischen Gesandtschaft in Berlin; Berliner Korrespondent der PP.

155 Gemeint sind offenbar Schwierigkeiten bei der Verwirklichung des Plans, Musil «wieder der PP. zuzuführen», vgl. den persönlichen Brief Musils an Laurin vom 22. September 1922.

156 Es handelt sich um *‹Die Schwärmer›* und die Posse *‹Vinzenz und die Freundin bedeutender Männer›*. – Die Verhandlungen über eine Berliner Aufführung der *‹Schwärmer›* setzten offenbar Besprechungen fort, von denen schon in Musils Brief an Pick vom 15. Juli 1922 die Rede gewesen war. Ende Dezember 1922 hatte die PP ein Zwischenergebnis dieser Verhandlungen gemeldet, vgl. PP Nr. 358/II (31. Dezember 1922), S. 10: «... Robert M u s i l s, des aus Brünn stammenden Dichters, Schauspiel ‹Die Schwärmer› wird von der ‹Tribüne› vorbereitet ...» Näheres ist aus einem Brief Otto Nebelthaus (Münchner Schauspielhaus) an Franz Blei, Berlin (Theater am Kurfürstendamm) zu erfahren, der auf den 14. Februar 1923 datiert ist und sich in Musils römischem Nachlaß erhalten hat; Nebelthau schreibt: «Nun las ich vor einiger Zeit daß Direktor Robert das Stück für die Tribüne angenommen hat. Wollen Sie mir bitte mitteilen, ob Direktor Robert die Aufführung dieses Stückes noch in dieser Spielzeit beabsichtigt; wenn nicht, ob er bereit ist, uns die Uraufführung zu überlassen. Es dürfte ja wohl im Interesse Musils sein, daß dieses außerordentlich schöne Stück möglichst bald an die Öffentlichkeit gelangt» (Hinweis von Karl Corino). Zu einer Berliner Aufführung des Stükkes kam es jedoch damals noch nicht, sondern erst 1929, vgl. LWW, S. 235 und 333. – Die Buchausgabe der Posse *‹Vinzenz und die Freundin bedeutender Männer›* erschien 1924 im Berliner Ernst Rowohlt Verlag; uraufgeführt wurde sie von der Schauspielervereinigung «Die Truppe» unter der Regie von Berthold Viertel am 4. Dezember 1923 im Berliner Lustspielhaus, vgl. GW II, S. 945.

157 Musil dürfte die Reise nach Berlin um Mitte Dezember 1922 angetre-

ten haben, zwischen dem Wiener Gastspiel der Wilnaer Truppe (über das er noch am 8. Dezember 1922 in der DZB berichtete, vgl. BPB I, S. 59) und der in Anm. 156 angeführten Meldung der PP vom 31. Dezember 1922.

158 Ein Brief Musils an Pick vom 15. Januar 1923 hat sich im Nachlaß Laurins nicht vorgefunden.

159 Gemeint sind offenbar Mitglieder des Verwaltungsrats der PP.

160 Als letzter Theaterbericht Musils für die DZB war erschienen: Die Wilnaer Truppe in Wien. Von Robert Musil. In DZB Nr. 288/XCV (Freitag, den 8. Dezember 1922), S. 5.

161 Vgl. LWW, S. 236–237: «Dr. Robert Musil ... wurde durch Staatssekretär Deutsch am 2. September 1920 der Sektion II des Staatsamtes für Heereswesen ‹mit der Aufgabe zugewiesen, das Offizierskorps in die Methoden der Geistes- und Arbeitsausbildung einzuführen› ... Aus Einsparungsrücksichten wurde Musils Stelle am 1. Dezember 1922 gekündigt und die Einstellung der Bezüge mit 28. Februar 1923 verfügt.» – Zu «Abbauaktion» vgl. Theodor W. Adorno, Prismen. München 1963, S. 256: «... Abbau – nie war das Wort populärer als in Kafkas Todesjahr – ...»

162 Musils Vorschlag, außer der wöchentlich erscheinenden Literaturbeilage «Dichtung und Welt» auch noch eine wissenschaftliche Beilage der PP erscheinen zu lassen, ist nicht realisiert worden.

163 Gemeint ist Musils Vorschlag, zur PP «eine gute wissenschaftliche Beilage» erscheinen zu lassen und sie zum Teil selbst zu schreiben, zum Teil zu redigieren, vgl. Musils Brief an Laurin vom 15. Januar 1923.

164 Gemeint ist offenbar der in Musils Brief an Laurin vom 15. Januar 1923 angekündigte, im Nachlaß Laurins aber nicht vorhandene Brief an Otto Pick.

165 Vgl. Musil in seinem Brief an Laurin vom 15. Januar 1923 über seinen geplanten Besuch in Prag: «Ich denke, es wird im Laufe der nächsten oder übernächsten Woche sein ...», das heißt zwischen 21. Januar und 4. Februar 1923. Am gleichen Tage hatte er sich in einem dort erwähnten Brief an Pick angemeldet, aber die Abreise dann offenbar mehrmals aufschieben müssen, weil die Verhandlungen wegen seiner zwei Stücke nicht so bald ein Ende nahmen.

166 Das heißt, am 4. März 1923. Daß Musil Anfang März 1923 auf der Rückreise von Berlin nach Wien tatsächlich in Prag Station machte und dort nicht nur mit Arne Laurin und Otto Pick verhandelte, sondern auch mit Antonín Stanislav Mágr, dem Redakteur der «Kulturchronik» der PP, wahrscheinlich auch noch mit Josef Kodíček, dem Feuilletonredakteur der *Tribuna,* und Dr. Sigmund Blau, dem Chefredakteur des PT, geht aus den nachfolgenden Briefen Musils an Laurin hervor, die gleichzeitig eine Rekonstruktion wesentlicher Ergebnisse dieser Verhandlungen ermöglichen. Danach hatte Laurin mit Musil für die Zeit bis zur endgültigen Entscheidung über dessen neuerliche Mitarbeit an der PP folgendes Monatsprogramm vereinbart (Hinweise auf nachfolgende Briefe werden hier nur durch das Datum des jeweiligen Briefes gekennzeichnet): Musil liefert pro Mo-

nat neben Lokalbeiträgen eine «erzählende Sache» für die Literaturbeilage «Dichtung und Welt», zwei Feuilletons sowie Notizen für zwei «Kulturchroniken», vor allem zu Themen aus dem Bereich der Naturwissenschaften, der Religion, Philosophie, Soziologie, Technik und Nationalökonomie (10. Mai 1923). Beiträge für «Dichtung und Welt» (sowie auch gelegentlich Kunst- oder Theaterberichte) zeichnet er mit seinem eigentlichen Namen, Feuilletons über aktuelle Themen und umfangreichere Beiträge für die Kulturchronik mit dem Pseudonym «Matthias» bzw. «Matthias Rychtarschow», kurze Notizen für die Kulturchronik mit dem Sigel «ma». Ein «monatliches Fixum» (wie beim «Engagement» vom März 1921) kommt vorläufig nicht in Frage, Grundnorm für die Honorierung ist eine Bezahlung nach Zeilenzahl, 60 Heller pro Zeile (7. September 1923). Regelmäßige Abstände und feste Termine für die Honorarzahlungen können vor einer endgültigen Entscheidung des Verwaltungsrates nicht garantiert werden. Laurin stellte für den Fall, daß diese Entscheidung sich hinauszögern sollte, eine Übergangslösung in Aussicht, er spricht «von einem persönlichen Handfonds», aus dem dann die Honorare bestritten werden könnten (10. Mai 1923). – Anzahl und Verteilung der Beiträge Musils in der PP während der Monate März bis Juli 1923 entsprechen ungefähr dem mit Laurin vereinbarten Themenplan, wenn sie ihn auch nicht genau einhalten. – Die Bedingungen, auf die Musil Anfang März 1923 einging und an denen sich auch im weiteren Verlauf nichts Wesentliches geändert zu haben scheint, waren freilich wesentlich ungünstiger als die seines «Engagements» Anfang März 1921.

167 Im Sibyllen-Verlag zu Dresden war im Herbst 1921 das Schauspiel ‹*Die Schwärmer*› erschienen, vgl. Musils Brief an Pick vom 10. Juni 1921 und die Anmerkung dazu. Musils Besuch beim Verlag stand wahrscheinlich in Zusammenhang mit der geplanten Berliner Aufführung dieses Stückes.

168 Der Brief dürfte demnach nicht lange nach Musils Rückkehr aus Prag geschrieben sein, wo Musil sich vom 4. März an offenbar mehrere Tage aufgehalten hatte, vgl. Musils Brief an Otto Pick vom 28. Februar 1923.

169 Das heißt auf die Lokalteilbeiträge und die Notizen für die «Kulturchronik», die Musil während seines Prager Aufenthalts mit Laurin vereinbart hatte, vgl. die Anmerkungen zu Musils Brief an Otto Pick vom 28. Februar 1923.

170 Vgl. Die Freundin bedeutender Männer. Von Robert Musil. In: PP Nr. 75/III (Sonntag, den 18. März 1923), Beilage «Dichtung und Welt» Nr. 11, S. I.

171 Bei diesem «ersten Versuch über ein aktuelles Thema» handelt es sich um: Das verbrecherische Liebespaar. Die Geschichte zweier unglücklicher Ehen. [Am Ende gez.:] Matthias. In: PP Nr. 77/III (Dienstag, den 20. März 1923), S. 2. Musil hat ihn dann, wie aus seinem Brief an Laurin vom 10. Mai 1923 hervorgeht, mit einem «19. III. 23» datierten Begleitschreiben Laurin selbst zugeschickt.

172 Es handelte sich, wie aus Musils Brief an Laurin vom 10. Mai 1923 hervorgeht, bei diesen «kleinen Bemerkungen über aktuelle Ereig-

nisse» um das *‹Das verbrecherische Liebespaar›*, vgl. auch die Anmerkungen zu Musils Brief an Pick vom 11. März 1923. Da dieser Beitrag aber schon Mittwoch, den 20. März 1923, in der PP erschienen ist und zwischen dem Tag einer Einsendung Musils und dem ihrer Veröffentlichung in der PP noch ein Intervall von mindestens zwei Tagen zu liegen pflegte, können *‹Das verbrecherische Liebespaar›* und Musils Begleitschreiben dazu nicht erst am «19. III. 23.», sondern müssen spätestens am 17. März 1923 abgeschickt worden sein. Es liegt hier wohl einer der kleinen Irrtümer in der Datierung der Wochentage vor, wie sie Musil hin und wieder unterliefen, offenbar vor allem um das Wochenende herum, vgl. die Anmerkungen zu Musils Brief an Pick vom 15. Januar 1922 und zu Musils Briefen an Laurin vom «Charsamstag» und vom 10. Mai 1923.

173 Josef Kodíček (* Prag 24. Januar 1892), tschechischer Schriftsteller, Journalist und Dramaturg, von 1919 bis 1927 Feuilletonredakteur der Prager tschechischen Tageszeitung *Tribuna.*

174 Innerhalb dieses Zeitraums sind in der *Tribuna* folgende mit dem Namen gezeichnete Beiträge von Robert Musil erschienen: Lepidlo na mouchy. Robert Musil. In: Tribuna, Nr. 261/V (Mittwoch, den 8. November 1922), S. 3. Es handelt sich um eine tschechische Übersetzung des später in den *‹Nachlaß zu Lebzeiten›* aufgenommenen «Bildes» *‹Das Fliegenpapier›* (GW III, S. 450 f.), das zuerst 1914 erschienen und seither sehr oft nachgedruckt worden war, unter anderem auch vom PT, vgl. Robert Musil, Fliegentod. In: PT Nr. 301/XLV (25. Dezember 1919), S. 3–4. Vgl. auch die von Karl Otten überlieferte Bemerkung Musils (LWW, S. 360): «Ich bin mit dem Bauchladen des Dichters unterwegs... Ich habe soeben [Januar 1919] das ‹Fliegenpapier› zum x-ten Male verkauft.» – Usedomští rybáři. Robert Musil. In: Tribuna, Nr. 250/V (Sonntag, den 12. November 1922), Sonntagsbeilage, S. 13, übersetzt von «J. H.» (= Jiří Hejda?). = «Fischer an der Ostsee» (GW III, S. 454) = Fischer auf Usedom. In: PP Nr. 230/II (Donnerstag, den 24. August 1922), S. 3. – Slovinský pohřeb. Robert Musil. In: Tribuna, Nr. 283/II (Sonntag, den 3. Dezember 1922), Sonntagsbeilage, S. 13. = «Slowenisches Dorfbegräbnis» (GW III, S. 464–466) = Begräbnis in A. Von Robert Musil. In: PP Nr. 270/I (Sonntag, den 25. Dezember 1921), Beilage «Weihnachten 1921», S. 18, vgl. BPB II, S. 18 und Musils Brief an Pick, nach Mitte November 1921.

175 Das heißt so, wie Herakles nach Ausführung der ersten seiner zwölf Arbeiten den dickfelligen nemeischen Löwen mit dessen eigenen Krallen aus dem Fell herausschinden mußte, um es zu einem Schutzpanzer für sich verarbeiten zu können.

176 Was für Musil nicht ganz einfach war, vgl. GW II, S. 485: «Ich kann in keiner öffentlichen Bibliothek arbeiten, weil ich nicht rauchen darf...»

177 Der inhaltliche Zusammenhang dieses Briefes mit weiteren Briefen des Frühjahrs 1923 erlaubt eine sichere chronologische Einordnung: Es handelt sich um den Karsamstag des gleichen Jahres, der auf den 31. März fiel. Bei der nachträglichen Datierung dieses «Charsamstag»

überschriebenen Briefes, die Musil in seinem Brief an Laurin vom 10. Mai 1923 vorgenommen hat, ist ihm ein kleiner Irrtum unterlaufen: «30. III.» anstatt 31. III.

178 Mit der «Produktion am freischwebenden Seil» ist, wie aus Musils Brief an Laurin vom 10. Mai 1923 hervorgeht, eine von Musil gekürzte und überarbeitete Fassung seines Aufsatzes ‹*Der mathematische Mensch*› gemeint, der zuerst 1913 anonym in Franz Bleis Zeitschrift *Der lose Vogel* erschienen war, vgl. GW II, S. 592–596 und 941; LWW, S. 224. Verglichen mit den eng an den Tag gebundenen Notizen für die «Kulturchronik» war der Aufsatz ‹*Der mathematische Mensch*›, der 1923 mit dem gleichen Anspruch auf Aktualität auftreten konnte wie 1913, tatsächlich eine «Produktion am freischwebenden Seil».

179 Das heißt bei der Wiener Filiale der Prager tschechischen Gewerbebank (Živnostenská banka).

180 Dieser am 14. April 1923 in Wien eingetroffene Brief war, wie aus Musils Brief an Laurin vom 10. Mai 1923 hervorgeht, eine postwendende Antwort Laurins auf Martha Musils Mahnbrief vom 12. April 1923. Der vorliegende, undatierte Brief Musils an Laurin dürfte demnach wenige Tage nach dem 14. April 1923 geschrieben worden sein.

181 Das heißt von der Wiener Filiale der Prager tschechischen Gewerbebank (Živnostenská banka), vgl. Martha Musils Brief an Laurin vom 12. April 1923.

182 Das heißt bei der Prager Zentrale der Bank.

183 Das heißt in der Administration der PP.

184 Diese Antwort Musils auf eine – wohl durch Laurin vermittelte – offizielle «Einladung zur Mitarbeiterschaft» war offensichtlich an die Herren des Verwaltungsrats gerichtet, zumindest für sie bestimmt.

185 Zu einer solchen «festeren Bindung» Musils an die PP, etwa von der Art des «Engagements» von Anfang März 1921, ist es nicht wieder gekommen.

186 Das heißt bei Musils Prager Besuch Anfang März 1923, vgl. Musils Brief an Pick vom 28. Februar 1923 und die Anmerkungen dazu.

187 Gemeint sind offenbar die Mitglieder des Verwaltungsrates der PP.

188 Dr. Sigmund Blau (* 1876, † Prag 22. Februar 1939), vgl. Dr. Sigmund Blau gestorben. In: PT Nr. 46/LXIV (23. Februar 1939), S. 4: «Dr. Blau war zunächst an Wiener Blättern tätig. 1904 wurde er an die Prager ‹Bohemia› berufen... Anfang 1918 wurde er Chefredakteur des ‹Prager Tagblatt›... Mit Vollendung seines sechzigsten Lebensjahres, Ende 1937, trat Dr. Blau in den Ruhestand...» Max Brod hat einige Züge seines ehemaligen Chefredakteurs Dr. Blau der Gestalt seines «Dr. Simta» in dem Roman ‹*Rebellische Herzen*› (Berlin-Grunewald 1957) verliehen, vgl. Max Brod, Streitbares Leben. München, S. 390.

189 Ein solcher Beitrag Musils findet sich 1924 in der Osterbeilage des PT, vgl. Robert Musil: Hellhörigkeit. In: PT Nr. 95/XLIX (Sonntag, den 20. April 1924), Oster-Beilage, S. 5 (= GW III, S. 463 f.).

190 Vgl. Musils Brief an Laurin vom 20. März 1923 und die Anmerkung 174 dazu.

191 Vgl. Martha Musils Brief an Laurin vom 12. April 1923 und Robert Musils Antwort auf den am 14. April 1923 in Wien eingetroffenen Brief Laurins, der demnach als Antwort auf den Mahnbrief vom 12. April an Martha Musil gerichtet gewesen war. Musil hatte also nach fast zweimonatiger Mitarbeit noch keinen Heller Honorar bekommen.

192 Bei dem «Aufsatz über die Volksbildung» handelte es sich um eine später in der Zeitschrift *Der neue Merkur* (vgl. GW II, S. 943) erschienene Besprechung von: Soziologie des Volksbildungswesens. Herausgegeben im Auftrage des Forschungsinstituts für Sozialwissenschaften in Köln von Leopold von Wiese. Mit Beiträgen von Josef Antz Paul Honigsheim [u. a.]. München: Duncker u. Humblot 1921, XIV, 578 S. (= Schriften des Forschungsinstituts für Sozialwissenschaften in Köln. Bd. 1). – Aus dem Beitrag von Paul Honigsheim (‹*Grundzüge einer Geschichtsphilosophie der Bildung*›) hatte Musil sich ausführliche Auszüge gemacht, vgl. GW II, S. 283.

193 Dieser Beitrag war bereits in der PP erschienen, vgl. Das verbrecherische Liebespaar. Die Geschichte zweier unglücklicher Ehen. [Am Ende gez.:] Matthias [d. i. Robert Musil]. In: PP Nr. 77/III (Dienstag, den 20. März 1923), S. 2. Zum Datum des Begleitschreibens vgl. Musils Brief an Laurin vom 19. März 1923 und die Anmerkungen dazu.

194 Dieser Beitrag erschien einen Monat später in der «Kulturchronik» der PP, vgl. Der mathematische Mensch. [Am Ende gez.:] Matthias Rychtarschow [d. i. Robert Musil]. In: PP Nr. 164/III (Dienstag, den 12. Juni 1923), S. 3. Vgl. die Anmerkungen zu dem «Charsamstag» [31. März 1923] datierten Brief Musils an Laurin.

195 Antonín Stanislav Mágr (* Prag 6. April 1887, † Prag 14. August 1960), vgl. František Kubka, A. St. Mágr neboli Slavistický sen. In: Na vlastní oči. Praha 1959, S. 103–107. – Seit 1921 Mitarbeiter der PP, war Mágr Ende Februar 1923, also unmittelbar vor Musils Prager Rücksprache mit Laurin, auch Mitglied ihrer Redaktion geworden und hatte die Leitung der «Kulturchronik» übertragen bekommen.

196 Begleitschreiben zu den – wohl an A. St. Mágr gerichteten – «Einsendungen vom 22. IV. 2. V. und 5. V.» haben sich im Nachlaß Arne Laurins nicht vorgefunden. – Die erste mit dem Sigel «ma.» [= Matthias = Matthias Rychtarschow = Robert Musil] gezeichnete Notiz für die Kulturchronik der PP ist am 11. Mai 1923 erschienen, vgl. Die Biochemie des menschlichen Leibes. [Am Ende gez.:] ma. In: PP Nr. 128/III (Freitag, den 11. Mai 1923), S. 4, eine Besprechung des Buches: William Küster, Der Mensch und die Hefe. Stuttgart: Wissenschaftliche Verlagsgesellschaft m. b. H. 1923. 16 S. (= Biochemische Tagesfragen. Bd. 1).

197 Über den Verbleib des «‹Hieroglyphen›-Beitrags» konnte noch nichts ermittelt werden. Es scheint, daß sich Musil zu dieser Zeit näher mit der ägyptischen Kultur beschäftigt hat, siehe die Anspielungen auf den Skarabäus in «Grigia» (GW III, S. 243), wo «vom Pillendreher, jenem Käfer» die Rede ist, und das Gedicht «Isis und Osiris», das damals entstanden ist (GW III, S. 597).

198 Vgl. Musil an Pick, 17. Juni 1922: «Sollte es Ihnen nicht möglich sein, vorher zu schreiben, so bin ich jeden Montag ca 3^h im Café Zentral zu finden.»

199 Siehe oben Anmerkung 192 zu «dem Aufsatz über die Volksbildung». Mágr hatte offensichtlich diesen Aufsatz an den Verfasser zurückgeschickt und in einem Begleitschreibem seine Gründe für die Ablehnung dargelegt.

200 Beiträge nationalökonomischen Inhalts unter Musils Namen, Pseudonym oder Sigel haben sich in der Kulturchronik der PP nicht nachweisen lassen. Musils Bemerkung bezieht sich wohl auf eine mit Laurin getroffene Abmachung, auch für die Rubrik «Nationalökonomie» zu schreiben; Beiträge dafür dürfte er bis dahin noch nicht geliefert haben.

201 Laurin hatte wohl in seiner Antwort auf Musils Brief vom 10. Mai 1923, anknüpfend an dessen letzten Absatz («... ich wäre lieber selbst nach Prag gefahren, wenn ich nicht so völlig abgebrannt wäre ...»), Musil mitgeteilt, daß er selbst nach Wien kommen werde. Als Zeitpunkt scheint er einen Termin um Mitte Juni vorgeschlagen zu haben, worauf sich einige Wendungen des vorliegenden Briefes beziehen: «Einstweilen erlaube ich mir ...»; «... da es bis zur Neuordnung der Angelegenheit noch ein Monat ist ...»; «... daß ich bis zur Regelung mit Einsendungen lieber zurückhalten solle».

202 Diese Chronik scheint nach dem Vorschlag in Musils Brief an Laurin vom 10. Mai 1923 «als Ganze ins Blatt» gekommen zu sein, allerdings ohne die beigelegte Skizze, vgl. Kulturchronik: Aus dem Reiche der Technik. Schiffbau. Hochsee-Motorsegler. Außenbordmotoren. Das Flettnerruder. [Am Ende gez.:] ma. In: PP Nr. 140/III (Donnerstag, den 24. Mai 1923), S. 4. – Das «Flettnerruder», ein selten angewandtes Ruder zur Strömungsbeeinflussung an beweglichen Leitwerksteilen bei Flugzeugen, war 1920 von dem deutschen Ingenieur Anton Flettner (* Eddersheim bei Frankfurt a. M. 1. November 1885) konstruiert worden.

203 Tatsächlich lassen sich zwischen dem 24. Mai 1923 (Datum der Veröffentlichung der beigelegten «Chronik», s. o.) und dem 12. Juni 1923 in der PP keine Beiträge Musils nachweisen.

204 Über Dr. Jan Stavnik konnte nichts Näheres in Erfahrung gebracht werden.

205 *Der Tag*, eine 1922 gegründete, in den Tagebüchern Musils wiederholt erwähnte Wiener Tageszeitung, der er – vor allem 1923 – gelegentlich Beiträge zukommen ließ, vgl. LWW, S. 241. Ihr Besitzer und Herausgeber war Maximilian Schreier, ihr Chefredakteur Josef Koller, der Redaktion gehörten bis Mitte der zwanziger Jahre unter anderen Alfred Polgar, Rudolf Olden und Arnold Höllriegel (eig. Richard Arnold Bermann) an, vgl. GW II, S. 472: «Durch einen dieser drei kam ich mit dem Tag in Fühlung.» Vgl. ferner GW II, S. 308, 311, 316, 319, 328 f., 333, 342, 472 f., 579 u. ö. «Der Tag» galt als ein dem tschechoslowakischen Außenministerium nahestehendes Blatt, und es bestanden wohl auch «Verlagszusammenhänge» mit der PP, vgl. Musil an Laurin am 11. August 1926.

206 Dr. jur. Jiří Hejda (* Prag 25. Februar 1895), tschechischer Wirtschaftspublizist.

207 Elisabeth Bergner (eig. Ettel, * Drohobycz [Drogobyč] in Galizien 22. August 1897). Nach ihren ersten größeren Bühnenerfolgen im Wien der ersten Nachkriegsjahre war sie mit Beginn der Spielzeit 1921/22 an das von Victor Barnowsky geleitete Berliner Lessing-Theater verpflichtet worden. Musil hatte sie dort während seines letzten Berliner Aufenthalts (Dezember 1922 bis Februar 1923) die Titelrollen in Strindbergs ‹*Fräulein Julie*› und ‹*Königin Christine*› spielen sehen. Elisabeth Bergner sollte ursprünglich die Rolle der Regine in Musils Schauspiel ‹*Die Schwärmer*› spielen, vgl. LWW, S. 333.

208 Vgl. Zum Gastspiel des Lessing-Theaters im Neuen Deutschen Theater. [Am Ende gez.:] R. M. [d. i. Robert Musil]. In: PP Nr. 160/III (Mittwoch, den 13. Juni 1923), S. 7; die von Martha Musil gezeichnete Porträtskizze der Elisabeth Bergner in: PP Nr. 161/III (Donnerstag, den 14. Juni 1923), S. 6. Artikel und Porträtskizze galten einem Gastspiel des Lessing-Theaters mit Shakespeares ‹*Wie es euch gefällt*› (Berliner Premiere am 24. April 1923, mit Elisabeth Bergner als Rosalinde).

209 Hinweis darauf, daß die in Musils Brief an Laurin vom 19. Mai 1923 als bevorstehend erwähnte Aussprache mit Laurin tatsächlich stattgefunden hat, vielleicht in Wien; vgl. auch weiter unten die Wendung: «... mir ist aber dunkel, als hätten Sie gesagt ...»

210 Ein «pseudonymer Beitrag über das Derby» konnte in der PP um diese Zeit nicht gefunden werden.

211 Es scheint tatsächlich nicht gegangen zu sein; Musils Aufsatz wurde infolgedessen nicht mit dem vollen Namen des Verfassers gekennzeichnet, sondern nur mit dessen Initialen, «R. M.», s. a. Anmerkung 208.

212 Gemeint ist der wenige Tage später gestorbene Schriftsteller, Publizist und Sprachkritiker Fritz Mauthner (* Hořice bei Hradec Králové [Königgrätz] 22. November 1849, † Meersburg am Bodensee 29. Juni 1923).

213 Anton Wildgans (vgl. Musils Brief an Pick vom 15. Januar 1922 und die Anmerkungen dazu) bekam am 12. Juni 1923 das Ehrenzeichen der Universität Wien verliehen, mit dem zwei Jahre zuvor Gerhart Hauptmann ausgezeichnet worden war.

214 Gemeint ist wiederum die Wiener Filiale der Prager tschechischen Gewerbebank (Živnostenská banka). Demnach hatte Musil für seine seit März 1923 in der PP veröffentlichten Beiträge erst jetzt die erste Honorarzahlung erhalten, vgl. Martha Musil an Laurin, 12. April 1923: «Mein Mann läßt Sie für diesmal um einen Scheck für Monat März bitten und wird sich d a n n bei der Živnostenská ein č.Kronenkonto einrichten ...» (Hervorhebung von den Hg.).

215 Porträtskizze von Martha Musil zum 50. Geburtstag Jakob Wassermanns (* Fürth 10. März 1873, † Altaussee 1. Januar 1934).

216 Dieser undatierte Brief dürfte zwischen dem 10. und dem 15. Juni 1923 geschrieben worden sein, wofür folgende Indizien sprechen:
1. Die Anrede «v e r e h r t e r Herr Laurin!» tritt hier, zunächst

noch mit «Lieber» gekoppelt, zum erstenmal auf; «Lieber und verehrter Herr Laurin!» wäre demnach als Übergangsform motiviert, die von der Anrede «Sehr geehrter, lieber Herr Laurin!» des Briefes vom 10. Juni 1923 zu der Anrede «Verehrter Herr Laurin!» des Briefes vom 15. Juni 1923 überleitet, des ersten einer Folge von drei Briefen (15. Juni, 23. Juni und 13. Juli 1923), die als *einzige* unter allen erhaltenen Briefen Musils an Laurin mit der Anrede «*Verehrter* Herr Laurin!» beginnen.
2. Bei dem «ersten Wochenpensum» würde es sich demnach um das erste Wochenpensum nach der Rücksprache mit Laurin (vor dem 10. Juni 1923) handeln. Musil nimmt hinfort seine «Notizen» selbst nicht mehr ganz ernst, er besteht auch nicht mehr darauf, sie «unter irgend einem Gesichtspunkt» selbst zusammenzustellen (wie noch in seinem Brief an Laurin vom 10. Mai 1923); ihm liegt nur mehr daran, regelmäßig eine bestimmte Anzahl zu liefern, ohne sich um ihre Verwendung durch den Redakteur der «Kulturchronik» weiter zu bekümmern. «Wochenpensum» eröffnet eine Reihe von ironischen und selbstironischen Bemerkungen, mit denen Musil in den nachfolgenden Briefen seine Notizenschreiberei bedenkt.
3. Musil hatte bei der Rücksprache mit Laurin um die regelmäßige Zusendung der PP gebeten, «letzthin» aber (das heißt in dem Brief vom 10. Juni 1923, dem ersten Brief nach dieser Rücksprache) vergessen, daran zu erinnern, und holt es «bei dieser Gelegenheit» nach.
4. Da Musil sich bei der «Neu-Ordnung der Angelegenheit» damit abgefunden hatte, auf Auswahl und Zusammenstellung der von ihm gelieferten Notizen keinen entscheidenden Einfluß mehr nehmen zu können, war er auch nicht daran interessiert, vereinzelte kleine Notizen, die Mágr zwischen andere «einfließen» ließ, mit dem «sehr auffälligen ma.» gezeichnet zu sehen. Es bestand für die Redaktion der PP kein Grund, die Bitte Musils, «ein weniger prätentiöses Sigel benützen zu dürfen», nicht zu erfüllen. Tatsächlich verschwindet das Sigel «ma.» nach dem 14. Juni 1923 aus der «Kulturchronik» der PP. Welches «weniger prätentiöse Sigel» dann benützt wurde, um Musils Beiträge zu kennzeichnen, hat sich bis jetzt noch nicht mit Sicherheit feststellen lassen. Umfangreichere Beiträge für die «Kulturchronik» zeichnete Musil weiter mit seinem vollen Pseudonym «Matthias Rychtarschow», einer Anspielung auf Robert Musils in Rychtarschow (Rychtářov in Mähren) geborenen Großvater Matthias Musil, vgl. LWW, S. 187ff.; GW II, S. 463, 467. Schon vor 1923 hatte Musil sich in sein Tagebuch notiert: «Den Essayband Rychtarschow Aufsätze nennen» (GW III, S. 663).

217 Dr. jur. Emil Saudek (* Jihlava [Iglau] 14. September 1876, † Prag Ende Oktober 1941), bis 1929 Beamter der Anglobank, zuerst in Wien, seit den ersten Nachkriegsjahren in Prag; Übersetzer tschechischer Dichtung ins Deutsche und Essayist. Besondere Verdienste erwarb er sich durch Übertragungen von Werken des tschechischen Dichters Otokar Březina, zum Teil unter Mitwirkung von Franz Werfel. Eine dieser gemeinsamen Übersetzungen war soeben erschienen (Frühjahr 1923); Otakar [sic] Březina, Musik der Quellen. Aus dem Tsche-

chischen übertragen von Emil Saudek unter Mitwirkung von Franz Werfel. München: Kurt Wolff 1923. Diese Neuerscheinung dürfte Saudek zum Anlaß genommen haben, um das deutsche Publikum von neuem auf Březina aufmerksam zu machen.

218 Musils Befürchtungen waren berechtigt; der Aufsatz Saudeks ist in der *Neuen Rundschau* nicht erschienen.

219 Das heißt Musil hatte – unter anderem auch infolge seiner lückenhaften Kenntnis der PP – keinen Überblick mehr darüber, was von seinen bei Mágr «lagernden Kulturchroniken» schon veröffentlicht war und was nicht, vgl. auch Musil an Laurin, 19. Mai 1923: «Ich kenne mich natürlich gar nicht aus...»

220 Es handelt sich um das Buch: Alfred Schwoner, Wertphilosophie eines Outsiders. Leipzig: S. Hirzel 1922. – Laurin hatte Musil Anfang Juni 1923 gebeten, dieses Buch zu besprechen, vgl. Musil an Laurin, 10. November 1923.

221 Vgl. Musils Brief an Laurin vom 15. Juni 1923 und die Anmerkungen dazu.

222 Zu «Dr. Stavnik» vgl. Musils Brief an Laurin vom 10. Juni 1923 und die Anmerkungen dazu.

223 Anspielung auf Mark Twains bekannte Humoreske ‹*How I Edited an Agricultural Paper*›, vgl. die Million-Pfundnote und weitere 26 Geschichten von Lust und Leid. Von Mark Twain. Deutsche Übersetzung von M. Jacobi und Heinrich Conrad. Stuttgart o. J., S. 156 und 159: «Rüben sollte man niemals pflücken, weil ihnen das schadet. Es ist viel besser, einen Knaben auf den Baum klettern, und sie herunterschütteln zu lassen. ... Vom Kürbis. Dies ist eine Lieblingsbeere der Eingeborenen von Neuengland. Bei der Bereitung von Obstkuchen zieht man sie dort zu Lande sogar der Stachelbeere vor. Sie ist vorteilhafter als die Himbeere zum Füttern der Kühe, da sie mehr füllt und stopft und ganz ebenso nahrhaft ist. Der Kürbis ist die einzige eßbare Abart der Familie Orangenpflanze, die im Norden gedeiht, ausgenommen die Melone und der Türkenbund. Man pflanzt ihn jedoch jetzt weniger häufig unter dem Buschwerk im Vordergarten an, da man allgemein die Ansicht hegt, daß der Kürbis kein Baum ist, welcher Schatten gibt.»

224 Das heißt einen offenbar ebenfalls Anfang Juni 1923 zwischen Musil und Laurin vereinbarten Aufsatz zum 60. Geburtstag von Hermann Bahr (* Linz 19. Juli 1863, † München 15. Januar 1934). Martha Musil hatte wohl zusammen mit ihrem hier erwähnten, im Nachlaß Laurins aber nicht vorhandenen Brief ihre Bahr-Porträtskizze eingesandt, ohne von einem Bahr-Aufsatz ihres Mannes etwas zu erwähnen.

225 Vgl. Hermann Bahr. [Am Ende gez.:] Franz Werfel. In: PP Nr. 192/III (Sonntag, den 15. Juli 1923, Beilage «Dichtung und Welt» Nr. 26, S. II. Mit einer Porträtskizze von Martha Musil.)

226 Viel zitierte, oft dem Thomas Hobbes zugeschriebene Maxime von ungeklärter Herkunft.

227 Zur Adresse vgl. Musils Brief an Laurin vom 13. Juli 1923.

228 Demnach waren dem vorliegenden Brief Musils an Laurin zwei Briefe

Laurins an Musil vorangegangen. In dem einen – offenbar späteren und weniger liebenswürdigen – war von der «Angelegenheit mit dem ‹Tag›» die Rede gewesen; die mit dem «anderen Schreiben erwiesene Liebenswürdigkeit» hatte wohl in Laurins Einladung bestanden, ihn auf der Rückreise von Berlin nach Wien in Prag zu besuchen. Zu einer Entscheidung, ob die Musils von dieser Einladung Gebrauch gemacht haben oder nicht, bietet der Inhalt der weiteren Briefe keinerlei Anhaltspunkte.

229 Sicherlich um es ihrem Mann zur Auswahl eines Beitrags für die Weihnachts-Nummer vorzulegen. 1921 hatte Musil um die gleiche Zeit auch schon seinen Beitrag für die Weihnachts-Nummer angekündigt, vgl. seinen Brief an Pick vom November 1921 und die Anmerkungen dazu.

230 Leopoldine Eugenie Amelie Konstantin (* Brno [Brünn] 12. März 1886 [Kosch: 1890]), bekannte Schauspielerin, besonders erfolgreich im Rollenfach der «Salondame»; nach ersten Erfolgen am Deutschen Volkstheater und am Josefstädter Theater in Wien, 1907 bis 1914 am Deutschen Theater und an den Kammerspielen in Berlin; später vorwiegend Gastspiele, sehr oft auch in Prag. Im November 1923 gastierte sie mit dem Ensemble des Wiener Raimundtheaters am Prager Neuen Deutschen Theater, vgl. L. W. [d. i. Ludwig Winder], Karel Čapek: «Die Sache Makropulos.» Gastspiel Konstantin-Raimundtheater. In: DZB Nr. 279/XCVI (Donnerstag, den 29. November 1923), S. 7; ders., «Fasching.» [Von F. Molnár] (Gastspiel Konstantin-Raimundtheater.) In: DZB Nr. 280/XCVI (Freitag, den 30. November 1923), S. 6. – Eine Porträtskizze der Konstantin von Martha Musil erschien in: PP Nr. 327/III (Dienstag, den 20. November 1923), S. 6.

231 Paul Wegener (* Bischdorf [Ostpreußen] 11. Dezember 1874, † Berlin 13. September 1948).

232 Franz Herterich (* München 3. Oktober 1877), Hofrat; Schauspieler und Regisseur; seit 1. August 1923 Leiter, vom 14. Februar 1924 bis 31. August 1930 Direktor des Wiener Burgtheaters.

233 Felix Weingartner (* Zara [Dalmatien] 2. Juni 1863, * Winterthur 7. Mai 1942), Dirigent und Komponist; 1907 als Nachfolger Gustav Mahlers Dirigent der Hofoper und der Philharmonischen Konzerte in Wien; 1919 bis 1924 Dirigent an der Wiener Volksoper.

234 Richard Nikolaus Graf von Coudenhove-Kalergi (* Tokio 16. November 1894) hatte soeben sein Paneuropa-Buch erscheinen lassen, vgl. Richard Nikolaus Coudenhove-Kalergi, Pan-Europa. Wien: Pan-Europa-Verlag 1923. – Ein Vorabdruck der Einleitung war bereits im August 1923 in der *Neuen Rundschau* erschienen, vgl. Richard N. Coudenhove-Kalergi, Paneuropa. In: Die Neue Rundschau, Heft 8/XXXIV (August 1923), S. 673–676.

235 Vgl. Musils Briefe an Laurin vom 15. und 23. Juni 1923.

236 Prof. Dr. Ernst Kretschmer (* Wüstenrot bei Heilbronn 8. Oktober 1888, † Tübingen 8. Februar 1964), Direktor der Tübinger Universitäts-Nervenklinik; Neurologe, Psychiater, Konstitutionsforscher. – Ernst Kretschmer, Körperbau und Charakter. Untersuchungen zum

Konstitutionsproblem und zur Lehre von den Temperamenten. Berlin: Springer 1921. – 2., vermehrte und verbesserte Auflage 1922. – In Musils Aufsätzen und Tagebüchern wird ein anderes Buch desselben Verfassers mehrmals erwähnt: Ernst Kretschmer, Medizinische Psychologie. Ein Leitfaden für Studium und Praxis. Leipzig: G. Thieme 1922; vgl. GW II, S. 433, 671 (Fußnote), 708; GW III, S. 714.

237 Berthold Viertel (* Wien 28. Juni 1885, † Wien 24. September 1953), österreichischer Schriftsteller und Regisseur, befreundet mit Karl Kraus und Bertolt Brecht; seit 1910 Gedichtveröffentlichungen in der *Fackel,* seit 1911 Dramaturg und Regisseur; 1914 bis Anfang 1918 Frontoffizier, Frühjahr bis Herbst 1918 Feuilletonredakteur und Schauspielreferent des PT; 1918 bis 1921 Regisseur am Staatstheater Dresden, dann Regiearbeit an Berliner Theatern. Mit seinem 1923 gegründeten und von ihm geleiteten Ensemble «Die Truppe» führte Viertel in der Spielzeit 1923/24 nach Musils *‹Vinzenz›* auch *‹Traumstück›* und *‹Traumtheater›* von Karl Kraus zum erstenmal auf, vgl. Die Fackel, Nr. 649–656/XXVI (Anfang Juni 1924), S. 2–51, 128–148.

238 Vgl. Musils Brief an Pick vom 11. März 1923 und die Anmerkungen dazu.

239 Die Uraufführung fand am 4. Dezember 1923 im Berliner Lustspielhaus statt, vgl. GW II, S. 945; LWW, S. 240.

240 Die Buchausgabe erschien ungefähr im Juli 1924: Vinzenz und die Freundin bedeutender Männer. Posse. Berlin: Rowohlt 1924. Das läßt sich daraus schließen, daß der Titel der Posse sowohl bei den Berliner (seit 4. 12. 1923) wie den Teplitzer Aufführungen (seit 25. 6. 1924) noch «Vinzenz oder die Freundin bedeutender Männer» heißt, die Buchausgabe aber den erst bei den Wiener Aufführungen (seit 23. 8. 1924) gebrauchten Titel «Vinzenz und die Freundin bedeutender Männer» trägt. Vgl. Robert Musil, Leben, Werk, Bedeutung. Ausstellungskatalog, Klagenfurt 1919³, S. 16 f., Nr. 117–123 und 124–126.

241 Gemeint sind Anstreichungen im Manuskript.

242 Die von Musil zum Vorabdruck angebotene «Szene» ist ein Ausschnitt aus dem 1. Akt (GW III, S. 408–410); sie wurde in der PP auch veröffentlicht, vgl.: Aus einer neuen Komödie. Von Robert Musil. In: PP Nr. 312/III (Dienstag, den 13. November 1923), S. 4–5. – Otto Pick schrieb dazu eine Vorbemerkung mit dem von Musil gewünschten Inhalt: «Die unter Berthold Viertels Leitung stehende ‹Truppe› (Berlin) hat Robert Musils Komödie ‹Die Freundin bedeutender Männer› zur Uraufführung im Berliner ‹Lustspielhaus-Theater› angenommen. Das Schauspiel ‹Schwärmer› von Robert Musil ist noch unaufgeführt: hier würde sich dem Prager Deutschen Theater eine ebenso interessante wie dankbare Gelegenheit zur Uraufführung eines heimischen deutschen Autors bieten! ‹Schwärmer› liegen als Buch im Dresdner Sibyllen-Verlag vor. ‹Die Freundin bedeutender Männer› wird bei E. Rowohlt in Berlin erscheinen. Wir veröffentlichen hier erstmalig eine Szene aus ‹Die Freundin bedeutender Männer›.»

243 Vgl. Musils Briefe an Laurin vom 15. Juni, 23. Juni und 10. November 1923. Der «Aufsatz über Schwoner» erschien dann Mitte Dezember in der «Kulturchronik» unter der Rubrik «Philosophie», vgl. Wertphilosophie eines Outsiders. [Am Ende gez.:] Matthias Rychtarschow. In: PP Nr. 346/III, Abend-Ausgabe (Dienstag, den 18. Dezember 1923), S. 4.

244 Vgl. Musils Brief an Laurin vom 10. November 1923 und die Anmerkungen dazu. Da die dort angebotene Konstantin-Porträtskizze von Martha Musil schon am 20. November 1923 erschien, muß der vorliegende Brief zwischen dem 10. und dem 17. November geschrieben sein.

245 PP Nr. 331/III (Sonntag, den 2. Dezember 1923), S. 4. Porträtskizze von «M. M.» zum Bericht über: «Zum Problem des Nationalismus. Vortrag von Dr. R. N. Coudenhove-Kalergi.»

246 Wahrscheinlich meint Martha Musil «Autographen» für Laurins Autographensammlung, vgl. F. Kubka, Arne Laurin – Chefredakteur. In: Augenzeuge meiner Zeit. Praha 1964, S. 58: «Er interessierte sich ... für Autorenmanuskripte, die er sammelte ...» Diesem Interesse dürfte es zu verdanken sein, daß sich in Laurins Nachlaß neun Briefe von Kurt Hiller, Alfred Kerr, Paul Wiegler und anderen an Robert Musil befinden, die wir hier in Teil II veröffentlichen. Es ist anzunehmen, daß dies die Briefe sind, die Annina Marcovaldi, wie Musil im Brief nach dem 4. Dezember 1923 andeutet, herausgesucht hat.

247 Annina Marcovaldi (* Rom 4. März 1903, † Philadelphia 13. September 1957), Tochter Martha Musils aus der Ehe mit Enrico Marcovaldi. Annina Marcovaldi verheiratete sich am 23. Dezember 1923 mit Dr. Otto Rosenthal (vgl. LWW, S. 263), und wohnte damals in Berlin.

248 Gemeint ist wohl Musils Beitrag für die Weihnachts-Nummer der PP, vgl. Das Märchen vom Schneider. Von Robert Musil. In: PP Nr. 352/III (Dienstag, den 25. Dezember 1923), Beilage «Dichtung und Welt» Nr. 50, S. II (= GW III, S. 540–542).

249 Der Pianist Eduard Steuermann (* Lemberg 18. Juni 1892), ein Meisterschüler von Ferruccio Busoni, hatte vor dem Ersten Weltkrieg auch in Wien bei Arnold Schönberg studiert. Die für das Prager Gastspiel vom 14. Dezember 1923 bestimmte Zeichnung Martha Musils muß spätestens am 11. Dezember 1923 abgeschickt worden sein; der Brief ist demnach zwischen 4. und 11. Dezember 1923 geschrieben, wahrscheinlich um den 10. Dezember.

250 Vgl. Musils Brief an Laurin vom 10. November 1923 und die Anmerkung 230 dazu.

251 Vgl. Musils Brief an Laurin vom 10. November 1923 und die Anmerkung 239 dazu.

252 Die «Prager Erstaufführung» vom 13. Juli 1924 war kein Gastspiel der «Truppe» Berthold Viertels, sondern ein Gastspiel des Stadttheaters Teplitz unter der Regie von Franz Höllering, vgl. GW II, S. 945.

253 Viertels Plan einer Aufführung des Schauspiels ‹*Die Schwärmer*› im Laufe der Spielzeit 1924/25 ist nicht verwirklicht worden.

254 Vgl. Anm. 246 und 247.

255 Vgl. Anm. 246.

256 Richard Nikolaus Coudenhove-Kalergi, Pan-Europa. Wien: Pan-Europa-Verlag 1923. In der PP ist von Musil über Coudenhove nichts erschienen.

257 In einem Brief aus Zürich vom 16. November 1969 an Karl Corino schreibt Richard Coudenhove-Kalergi zu diesem Punkt: «Wahrscheinlich hat Robert Musil, so wie die meisten damaligen Intellektuellen, mir vorgeworfen, daß ich England aus dem damaligen Paneuropa ausschloß. Ich hätte es mir selber vorgeworfen, nachdem ich anglophil bis zur Anglomanie bin. Es war mir aber ganz klar, daß England als Haupt des Empire nicht in der Lage war, für einen Kontinent zu optieren. Nur aus diesem Grund habe ich Paneuropa ohne England vorgesehen.» In einem Brief Coudenhoves an Corino vom 28. Oktober 1969 heißt es ferner: «Meine verstorbene Frau, Ida Roland, und ich waren mit Musils sehr befreundet, sie waren oft unsere Gäste im Heiligen Kreutzerhof und wir verstanden uns sehr gut. Er war von Anfang an ein überzeugter Anhänger der paneuropäischen Idee, als die meisten Menschen sie noch für eine Utopie hielten.»

258 Das «kommende Buch» ist die Sammlung *‹Drei Frauen›*. Bei dem «Luxusdruck in 200 Exemplaren» handelt es sich um die *‹Portugiesin›*. Das Impressum der bibliophilen Erstausgabe lautet: «Handpressendruck der Officina Serpentis Berlin-Steglitz, Satz von M. Hoffmann, Druck von E. W. & E. H. Tieffenbach für Ernst Rowohlt Verlag, Berlin W 35. Die Auflage beträgt 200 Exemplare auf Bütten, Nro. 1–25 wurden auf handgeschöpftem Papier abgezogen.»

259 Vgl. die Vorankündigung PP Nr. 53/IV (23. Februar 1924), S. 4: «Ein neues Prosabuch von Robert Musil erscheint unter dem Titel ‹Drei Frauen› bei Ernst Rowohlt-Verlag in Berlin. Die drei Frauengestalten des Novellenbuches, die tierhafte Grigia, die eitle Portugiesin und Tonka, das kleine, vom Leben hart mitgenommene Geschäftsmädchen, haben bei allen ihren Verschiedenheiten gemeinsam die unbegreifliche Einfachheit der Natur. Sie bleiben ihren Gegenspielern fremd und wunderbar und lehren sie doch durch ihr bloßes Dasein die Geheimnisse des Lebens.» – Einen Vorabdruck aus *‹Drei Frauen›* brachte die PP unter dem Titel *‹Geschichte einer Genesung›*, vgl. BPB II, S. 21.

260 Vgl. Matthias Rychtarschow [d. i.: Robert Musil], Wertphilosophie eines Outsiders. In: PP Nr. 346/III (18. Dezember 1923), S. 4 (Rubrik «Kulturchronik. Philosophie»).

261 Vgl. BPB II, S. 21 (Nr. 64).

262 Vgl. BPB II, S. 21 (Nr. 65–67).

263 Fritzi Massary [eig. Massaryk] (* Wien 21. März 1882, † Hollywood 10. Februar 1969), 1917 bis 1934 mit Max Pallenberg verheiratet. Eine «Massary-Zeichnung» von Martha Musil konnten wir in der PP nicht finden.

264 Gemeint ist *‹Vinzenz oder die Freundin bedeutender Männer›*, vgl. LWW, S. 240, und dazu Robert Musil, Leben, Werk, Bedeutung. Ausstellungs-Katalog, Klagenfurt 1969³, S. 16, Nr. 117–122.

265 Hermine Musil, geb. Bergauer (* Linz 18. Oktober 1853, † Brno [Brünn] 24. Januar 1924), vgl. LWW, S. 193 und 205.

266 Zu Oscar Bies Geburtstag hat dann Oskar Baum einen Beitrag geliefert, vgl. PP Nr. 39/IV (9. Februar 1924), S. 5: Oskar Baum, Oskar Bie. (Zum 60. Geburtstag).

267 Vgl. PP Nr. 33/IV (Samstag, den 2. Februar 1924), S. 8: «Die rote Mühle» von Franz Molnár (Deutsche Uraufführung am Burgtheater in Wien.) [Am Ende gez.:] Robert Musil.

268 Vgl. Anm. 44.

269 Franz Theodor Csokor (* Wien 6. September 1885, † Wien 5. Januar 1964).

270 Vgl. PP Nr. 92/IV (Mittwoch, den 2. April 1924), S. 5: Die Eröffnung des Reinhardttheaters. (Priv.-Tel. der «Prager Presse».) Wien, 1. April. [Am Ende gez.:] O. M. Fontana.

271 Robert Müller (* Wien, 29. Oktober 1887, † Wien, 27. August 1924 durch eigene Hand). – Zum Nachruf Robert Musils vgl. GW II, S. 745–750, 943 und BPB II, S.21 (Nr. 68).

272 Vgl. PP Nr. 6/VI (Mittwoch, den 6. Januar 1926), S. 7: Rosso di San Secondo. Ein italienischer Dramatiker. [Am Ende gez.:] Gaetano Marcovaldi. (In der Rubrik «Kultur der Gegenwart – Bühne und Musik».)

273 Der tschechische Kunsthistoriker Dr. Zdeněk Wirth (* Libčany bei Hradec Králové [Königgrätz] 11. August 1878, † Prag 26. Februar 1961).

274 Gemeint ist ein Bild von Julius Wachsmann (* Brno [Brünn] 25. April 1866, † Wien 23. März 1936), das aus dem Nachlaß der Eltern Musil stammte.

275 Der tschechische Kunsthistoriker Dr. Vincence Kramář (* Vysoké an der Iser 8. Mai 1877, † Prag 7. November 1961).

276 Die PP hatte in ihrer Rubrik «Bühne und Musik» einen Hinweis auf Musil gebracht, vgl. PP Nr. 47/VI (Dienstag, den 16. Februar 1926), S. 6: «‹Die Schwärmer› von Robert Musil, eines der wesentlichsten dramatischen Werke unserer Zeit, sind über die erste Auflage noch immer nicht hinausgelangt.»

277 Gemeint ist das «Interview mit Alfred Polgar» (GW II, S. 755 bis 761 und 945).

278 Vgl. J. K. [d. i.: Josef Kalmer], Schriftstelleranekdoten. In PP Nr. 96/VI (7. April 1926), S. 7:
«Mathematik.
Es war zur Zeit des Einstein-Rummels, der großen Popularisierung der Relativitätstheorie, als Robert Musil einmal zu Leo Perutz kam und ihn fragte: ‹Sie sind doch Mathematiker, Herr Perutz, nicht wahr?›
‹Ich war es einmal›, erwiderte Perutz, der in der höheren Mathematik durch die ‹Perutzsche Ausgleichsformel› bekannt ist.
‹Möchten Sie mir nicht›, fragte Musil, ‹für mein Prager Blatt ein Feuilleton über Einstein schreiben?›
‹Schauen Sie›, sagte Perutz, ‹gerade von der Relativitätstheorie verstehe ich so wenig.›

‹Mein Gott›, beschwichtigte Musil, ‹es muß ja nicht Relativitätstheorie sein, die Leute interessieren sich gegenwärtig für Mathematik und Ethik. So über Grenzgebiete ...›

‹Gemacht›, sagte Perutz, ‹morgen bekommen Sie ein Feuilleton über die sittliche Basis gleichschenkeliger Dreiecke.›»

279 Vgl. BPB II, Nr. 72–74 (S. 22).

280 Vgl. Anm. 246. – Ein Autogramm oder, besser gesagt, Autograph von Regina Ullmann (* St. Gallen 14. Dezember 1884, † München 6. Januar 1961) hat sich im Nachlaß Laurins nicht vorgefunden.

281 Vgl. BPB II, S. 22 (Nr. 72) und Anm. 279.

282 Imre Békessy (1887–1951), der Herausgeber der Wiener Tageszeitung *Die Stunde*, war im Juli 1926 ins Ausland geflohen, um sich der Verantwortung vor Gericht zu entziehen. Kurz darauf trat Karl Tschuppik (1877–1937), der Chefredakteur des Blattes, von seinem Posten zurück. Vgl. dazu Karl Kraus. Die Stunde des Todes. In: Die Fackel, Nr. 732–734/XXVIII [Mitte August], S. 1–56.

283 Vgl. Anm. 125.

284 Vgl. BPB II, S. 21–22, (Nr. 71, 75, 76).

285 Robert Musil stand kurz vor der Abreise nach Karlsbad, vgl. Martha Musils Brief an Laurin vom 23. August 1926.

286 Vgl. Anm. 246.

287 Der Adressat dieses Briefes ist wahrscheinlich Antonín Stanislav Mágr, vgl. Anm. 195.

288 Dieser Brief ist in Laurins Nachlaß nicht vorhanden.

289 Dieser Brief konnte in Laurins Nachlaß nicht gefunden werden.

290 Kriegspressequartier (vgl. Anm. 4).

291 In der Weihnachts-Nummer 1926 ist kein Beitrag von Robert Musil erschienen. Vielleicht handelt es sich um die zwei Beiträge, die im Januar 1927 in der PP erschienen sind, vgl. BPB II, Nr. 78–79 (S. 22).

292 Robert Musil, Rede zur Rilke-Feier in Berlin am 16. Januar 1927. Berlin: Rowohlt 1927 (= GW II, S. 885–898).

293 Gemeint ist *‹Eine Geschichte aus drei Jahrhunderten›*, die allerdings erst am 24. April 1927 erschien, vgl. BPB II, Nr. 80 (S. 22).

294 Vielleicht Vorankündigung der Beiträge BPB II, Nr. 81–82 (S. 22 f.).

295 Vgl. Anm. 293.

296 Gemeint sein dürfte hier *‹Der Riese Agoag›*; vgl. BPB II, Nr. 81 (S. 22).

297 *‹Der Riese Agoag›*, vgl. Anm. 296 und BPB II, Nr. 81 (S. 22).

298 Vgl. Anm. 274.

299 Vgl. Anm. 296 und 297.

300 Vgl. Anm. 293.

301 Vgl. Robert Musils Brief an Arne Laurin vom 15. Juni 1927.

302 Vgl. BPB II, Nr. 82 und 83 (S. 23).

303 Vgl. PT Nr. 122/III (24. Mai 1927), S. 3: Robert Musil, Einige Schwierigkeiten der schönen Künste. – In der PP erschien dieser Beitrag erst am 28. Juni 1927, vgl. BPB II, S. 23 (Nr. 82).

304 Der Verkauf des Bildes war übrigens noch im Jahre 1936 nicht abgeschlossen. Das geht aus zwei Briefkonzepten hervor, die Karl Corino in Musils Nachlaß gefunden hat. Das erste ist an Professor Karl

Maria Swoboda, Prag-Střešovice, Ve Střešovičkách 1, gerichtet und lautet in gereinigter Form folgendermaßen:

Wien, 16. I. 36

Sehr geehrter Herr Professor!

Herr [Otto] Pächt teilt mir soeben mit, daß Sie die Güte gehabt haben, sich meines Wachsmanns anzunehmen, wofür ich Ihnen vielmals danke; allerdings bleibe ich ohne Verständnis dafür zurück, daß Dr. Helfert meine Adresse nicht kennen will, da ich doch mehrere Briefe von ihm aus früherer Zeit besitze. Ich wäre Ihnen darum sehr zu Dank verpflichtet, wenn Sie die Prager Stellen, die seinerzeit Interesse gezeigt haben, noch einmal von meiner Absicht, das Bild zu veräußern, in Kenntnis setzen wollten. Dr. Helfert hat Dr. Pächt als einen angemessenen Preis 12 000 čK genannt.

Ich hoffe, Sie mit meiner Bitte nicht zu belästigen,
und bleibe mit vielen Grüßen
Ihr hochachtungsvoll ergebener

[Robert Musil]

Der zweite Entwurf, vom gleichen Datum, ist an Jaroslav Helfert adressiert und lautet:

Sehr geehrter Herr Direktor!

Ich erfahre mit Bedauern, daß Sie sich nicht im Besitz meiner Adresse sehen, und erlaube mir, das nachzuholen. Es bereitet mir große Beruhigung zu wissen, daß Sie sich freundlicherweise erneut der Angelegenheit meines Wachsmanns annehmen und die zuständigen Stellen auf meine Absicht aufmerksam machen wollen, das Bild zu verkaufen.

Ich verbleibe mit dem Ausdruck vorzüglicher Hochachtung

Ihr ergebener
[Robert Musil]

Ob es Musil schließlich doch noch gelungen ist, das Gemälde zu veräußern, ist ungeklärt.

305 In einem Brief aus Rom vom 9. Januar 1970 schreibt Professor Gaetano Marcovaldi an Karl Corino: «Ich war nie in Karlsbad und wußte auch nichts von dem Plan einer Reise dorthin. [...] Eine Legitimation als Journalist habe ich nie gehabt.»

306 Vgl. BPB II, Nr. 84 (S. 23).

307 Offenbar Beantwortung einer Rundfrage der PP. Ein Abdruck in der PP konnte jedoch nicht ermittelt werden.

Anmerkungen zu Teil II

1 Vgl. dazu Karl Corino, Robert Musil und Alfred Kerr. Der Dichter und sein Kritiker. In: Robert Musil. Studien zu seinem Werk. Reinbek 1970, S. 236 ff.
2 Allerdings hat Frisé dort statt des Namens Wiegler nur die Initiale W. gesetzt.
3 Vgl. LWW, S. 224.
4 Vgl. LWW, S. 232.
5 Über dem Wort «Tempelhofer» vom zustellenden Postbeamten mit Bleistift ergänzt: «S. W. 11».
6 «25» vom Postbeamten mit Bleistift durchgestrichen.
7 Auf der Rückseite des Briefumschlags Bleistiftvermerk: «Adresse Tempelhofer Ufer 25 unbekannt» und Stempel: «Bestellt vom Postamte 11 6. 02. 06».
8 Da der Brief an einem Montag geschrieben ist, dürfte Mittwoch, der 7. Februar 1906, gemeint sein.
9 Gemeint sind ohne Zweifel die Korrekturbogen zu den *‹Verwirrungen des Zöglings Törleß›*, die sich damals im Druck befanden, vgl. LWW, S. 214 f.
10 Poststempel: «Leipzig 24. 12. 06».
11 Die «Gratulation» bezieht sich offenbar auf Alfred Kerrs Rezension der *‹Verwirrungen des Zöglings Törleß›*, die Musil am 21. Dezember 1906 an Wiegler gesandt hatte. Mit dem «Nachsatz» könnte Musils Bitte gemeint sein, Wiegler möge «nichts von Weißkirchen erwähnen» (GW III, S. 724).
12 Paul Wiegler (1878–1949) war bis Ende 1906 Redakteur am *Leipziger Tageblatt*, 1907 Mitarbeiter im Berliner Ullstein-Verlag und dann von 1908 bis 1913 Feuilletonredakteur der Prager deutschen Zeitung *Bohemia*, vgl. Kurt Krolop, Zur Geschichte und Vorgeschichte der Prager deutschen Literatur des «expressionistischen Jahrzehnts». In: Weltfreunde. Prag 1967, S. 83 (Anm. 106).
13 Peter Baum (1869–1916) hatte sich bereits 1907 mit Musil in Verbindung gesetzt und ihm damals seinen Roman *‹Spuk›* zugesandt, vgl. GW II, S. 107 (Tagebucheintragung vom 17. Februar 1907): «Ein Herr Peter Baum widmet mir seinen Roman mit etwas pathologischem Begleitschreiben.»

14 Bülowstraße 90, vgl. LWW, S. 224.

15 Der Wiener Lyriker, Erzähler und Biograph Emil Alphons Rheinhardt (1889–1945), Herausgeber der spätexpressionistischen Anthologie *Die Botschaft. Neue Gedichte aus Österreich*›, vgl. ZSE, Nr. 127.

16 Musils Berliner Wohnadresse bis zu seiner Einberufung im August 1914, vgl. LWW, S. 224 f.

17 Seit 1897 Reichsratsabgeordneter der katholisch-klerikalen Slowenischen Volkspartei für die Krainer Landbezirke Radmannsdorf–Kronau–Neumarktl, vgl. Fritz Freund, Das österreichische Abgeordnetenhaus. Ein biographisch-statistisches Handbuch. 1911–1917. XII. Legislaturperiode. Wien 1911, S. 171. – Musil hatte 1917 in seiner Adelsberger Zeit slowenisches Milieu kennengelernt (vgl. LWW, S. 231). Sein Kontakt mit Pogačnik dürfte mit der slowenischen Ausgabe der Wochenschrift *Heimat* in Verbindung zu bringen sein, vgl. LWW, S. 232.

18 Vgl. LWW, S. 232.

19 Musils Wohnadresse vom 22. April 1918 bis zum 17. April 1920, vgl. LWW, S. 233. Der undatierte Brief muß also zwischen April und September 1918 geschrieben worden sein.

20 Gemeint sein dürfte der Münchner Verlag Georg Müller, dessen Lektor Franz Blei gewesen war.

21 Vgl. ZSE, Nr. 32. Im vierten Viertel der «Summa» war Robert Musils ‹*Skizze der Erkenntnis des Dichters*› erschienen, vgl. GW II, S. 781–785 und LWW, S. 234.

22 Offenbar die Dienststelle des Kriegspressequartiers, dem auch Franz Blei zugeteilt war, vgl. LWW, S. 232 f.

23 Es handelt sich hier wohl um die Vorbereitung einer Aktion, in deren Verlauf Schriftsteller zu Propagandavorträgen in die Schweiz geschickt wurden. Unter diesen Autoren befand sich auch Franz Werfel.

24 Vgl. LWW, S. 232.

25 Vgl. ZSE, Nr. 60.

26 «München» nachträglich gestrichen.

27 «Charlbg.» handschriftlich hinzugefügt.

28 Eduard Trautner, Haft. Ein Aufzug in fünfzehn Szenen. Potsdam: Gustav Kiepenheuer 1920 (= Der dramatische Wille. Bd. 4), vgl. ZSE, Nr. 162.

29 Eduard Trautner, Nacht. Ein Aufzug in vier Szenen. Potsdam: Gustav Kiepenheuer 1921 (= Der dramatische Wille. Bd 10), vgl. ZSE, Nr. 162.

30 «ODEONSPLATZ 14» nachträglich durchgestrichen.

31 Es handelt sich um den Aufsatz ‹*Das hilflose Europa oder Reise vom Hundertsten ins Tausendste*› (GW II, S. 622–640), der 1922 im *Ganymed* erschienen ist, vgl. GW II, S. 942.

32 Zu den «Ziel-Jahrbüchern» vgl. ZSE, Nr. 105.

33 Das fünfte und letzte der Ziel-Jahrbücher erschien 1923 ohne diesen «Nebentitel»: Geistige Politik. Herausgegeben von Kurt Hiller. Wien: Ziel-Verlag 1923.

34 Robert Musil ist in keinem der Ziel-Jahrbücher mit einem Beitrag vertreten. – Zu Musils späterer Bewertung des Aktivismus vgl. GW

II, S. 487 und GW III, S. 706, neuerdings auch, zum gesamten Problemkreis, Jürgen C. Thöming, Der optimistische Pessimismus eines passiven Aktivisten. In: Robert Musil. Studien zu seinem Werk. Im Auftrag der Vereinigung Robert-Musil-Archiv herausgegeben von Karl Dinklage zusammen mit Elisabeth Albertsen und Karl Corino. Reinbek 1970, S. 214–235.

Namenregister

Adler, Guido Anm. (b) 51, 62
Adler, Paul Anm. (b) 140
Adorno, Theodor W. (Theodor Wiesengrund) Anm. (b) 161
d'Albert, Eugen Anm. (b) 31
Albertsen, Elisabeth Anm. (c) 34
Alexander, Fritz Anm. (b) 5
Allesch, Ea von (Emma Elisabeth Allesch-Allfest) 9, 18, 19, 21, Anm. (a) 12, (b) 31, 32, 39, 48
Allesch, Johannes von Anm. (b) 31, 70, 87, 88, 107
Altenberg, Peter (Richard Engländer) Anm. (b) 31
Anič, Milan 17, Anm. (b) 3, 30
Antz, Josef Anm. (b) 192
Auernheimer, Raoul Othmar Anm. (b) 102, 103

Bachwitz, Arnold Anm. (b) 48
Badia, Gilbert Anm. (b) 71
Bahr, Hermann 48, Anm. (b) 84, 224, 225
Balázs, Béa (Herbert Bauer) 30, Anm. (b) 109, 110
Barbusse, Henri 28
Barnowsky, Victor Anm. (b) 207
Bartók, Béla Anm. (b) 109
Baum, Oskar Anm. (b) 266
Baum, Peter 77, Anm. (c) 13
Behl, Carl Friedrich Wilhelm Anm. (b) 93
Békessy, Imre Anm. (b) 282
Berg, Alban 17, 19, 22, Anm. (b) 29, 50
Bergner, Elisabeth (Elisabeth Ettel) 46, Anm. (b) 207, 208
Bermann, Richard Arnold (Arnold Höllriegel) Anm. (b) 138, 205
Bernau, Alfred Anm. (b) 82
Blau, Sigmund 42, Anm. (b) 166, 188
Bie, Oscar 54
Blei, Franz 8, 17, 79 f., Anm. (b) 29, 31, 156, 178, (c) 20, 22
Boroević von Bojna, Svetozar 6
Brecht, Bertolt Anm. (b) 237
Březina, Otokar 47, Anm. (b) 217
Broch, Hermann Anm. (b) 31
Brod, Max Anm. (b) 188
Bruckner, Anton Anm. (b) 28
Bürgin, Hans Anm. (b) 38, 41
Busoni, Ferruccio Anm. (b) 249

Čapek, Josef Anm. (b) 135
Čapek, Karel Anm. (b) 135, 230
Černý, Bohumil Anm. (b) 73
César, Jaroslav Anm. (b) 73
Chmelař, Josef Anm. (b) 69
Conrad, Heinrich Anm. (b) 223
Corino, Karl Anm. (a) 14, (b) 84, 129, 156, 257, 304, 305, (c) 1, 34
Corinth, Lovis Anm. (b) 40
Coudenhove-Kalergi, Richard Nikolaus Graf Anm. (b) 70, 84, 234, 245, 256
Csokor, Franz Theodor 55, Anm. (b) 269

Damisch, Heinrich Anm. (b) 126
Deutsch, Ernst 52
Deutsch, Julius Anm. (b) 161
Dinklage, Karl Anm. (c) 34
Döblin, Alfred 63
Dolejší, Vojtěch Anm. (b) 13, 69

Einstein, Albert Anm. (b) 278
Ewers, Hanns Heinz Anm. (b) 92

Fischer, Samuel Anm. (b) 29, 68
Flettner, Anton Anm. (b) 202
Fontana, Oskar Maurus 22, 30, 31, 33, 37, 55, Anm. (b) 53, 61, 90, 114, 270
Freund, Fritz Anm. (c) 17
Friedell, Egon (Egon Friedmann) 29, Anm. (b) 105
Friedländer, Martha Anm. (b) 111
Frisé, Adolf 75, Anm. (b) 127, (c) 2

Gauguin, Paul 22, Anm. (b) 57
Gehmacher, Friedrich Anm. (b) 126
Graf, Max 17, Anm. (b) 28
Gränzer, Karl Anm. (b) 8
Grosz, George Anm. (b) 61

Habbel, Josef Anm. (b) 55
Hamsun, Knut (Knud Pedersen) Anm. (b) 38
Hanslick, Eduard Anm. (b) 28
Hauptmann, Gerhart Anm. (b) 93, 94, 213
Hausenstein, Wilhelm 52, 81
Helfert, Jaroslav Anm. (b) 304
Hejda, Jiří 46, Anm. (b) 174, 206
Herterich, Franz 50, Anm. (b) 232
Hiller, Kurt 52, 81 f., Anm. (b) 246, (c) 33
Hlaváč, Bedřich 8, Anm. (b) 13
Hobbes, Thomas Anm. (b) 226
Hoffmann, Camill 37, Anm. (b) 54, 70, 154
Hofmannsthal, Hugo von 29, 52, Anm. (b) 70, 84, 100, 126
Höllering, Franz Anm. (b) 252
Honigsheim, Paul Anm. (b) 192

Jacob, Hans Anm. (b) 57
Jacobi, M. Anm. (b) 223
Jalowetz, Heinrich 22, Anm. (b) 62
Jensen, Johannes Vilhelm 22, Anm. (b) 59
Jerusalimskij, A. S. Anm. (b) 75

Kafka, Franz Anm. (b) 11, 160
Kaiser, Georg 52
Kalmer, Josef 60, Anm. (b) 278
Karpeles, Benno Anm. (b) 16
Kayser, Rudolf Anm. (b) 84
Kerr, Alfred (Alfred Kempner) 6, 52, 75, 76, Anm. (b) 246, (c) 1, 11
Kiepenheuer, Gustav 80
Kisch, Egon Erwin 8, 14, 16, 19, Anm. (b) 12, 21
Kisch, Paul Anm. (b) 12
Kodíček, Josef 40, 43, Anm. (b) 166, 173
Kola, Richard Anm. (b) 16
Koller, Josef Anm. (b) 205
Konstantin, Leopoldine Eugenie Amelie 50, 51, 52, Anm. (b) 230
Konta, Robert 17, 18, 19, Anm. (b) 25
Kopecký, Jaromír Anm. (b) 30
Koppel, Julia Anm. (b) 59
Kramář, Vincence 58, Anm. (b) 275
Kraus, Karl Anm. (b) 15, 37, 62, 69, 74, 92, 103, 112, 237, 282
Kraus, Oskar Anm. (b) 93
Kretschmer, Ernst 50, Anm. (b) 236
Krolop, Kurt Anm. (b) 22, (c) 12
Kubka, František 6, 8 f., Anm. (a) 4, 10, (b) 63, 195, 246
Kuh, Anton Anm. (b) 14, 120
Küster, William Anm. (b) 196

Langstein, Josef 13, 20, 55, Anm. (b) 2, 44
Laurin, Arne (Arnošt Lustig) 5, 6, 7, 8, 9, 13 ff., 20 ff., 28, 29, 30, 33, 34, 35, 37 f., 39, 40 ff., 45, 46, 47 ff., 50 (Fn.), 64, 66 f., 68, 69 f., 71, 72 f., 75, Anm. (a) 1, 4, 7, 10, 12, 14, (b) 4, 17, 22, 30, 33, 39, 43, 45, 48, 52, 69, 70, 83, 90, 94, 113, 114, 124, 127, 132, 136, 137, 138, 143, 145, 146, 148, 151, 152, 155, 158, 163, 164, 165, 166, 169, 171, 172, 177, 178, 180, 181, 184, 190, 191, 193, 194, 195, 196, 200, 201, 202, 205, 209, 214, 216, 219, 220, 221, 222, 224, 227, 228, 235, 243, 244, 246, 250, 251, 280, 285, 288, 289, 301
Laurin, Olga Anm. (b) 150
Lenidow, L. J. Anm. (b) 75
Lenin, Wladimir I. (Vladimir I. Uljanov) Anm. (b) 75

Machar, Josef Svatopluk 56, Anm. (b) 69
Mágr, Antonín Stanislav 43, 44, 45, 47, 66, 68, Anm. (b) 166, 195, 196, 199, 216, 219, 287
Mahler, Alma Maria Anm. (b) 29, 50
Mahler, Gustav Anm. (b) 233
Mann, Erika Anm. (b) 125

Mann, Thomas 19, 20, 23, 52, Anm. (b) 38, 41, 109, 125
Marcovaldi, Annina 51, 52, Anm. (b) 246, 247
Marcovaldi, Enrico Anm. (b) 5, 106, 138, 247
Marcovaldi, Gaetano 33, 35 f., 37, 57, 73, Anm. (b) 106, 138, 148, 149, 305
Mark Twain (Samuel Longhorne Clemens) 48, Anm. (b) 127, 223
Masareel, Frans Anm. (b) 54
Masaryk, Tomáš Garrigue 9, 24, Anm. (b) 13, 15, 67, 69, 135
Massary, Fritzi (Fritzi Massaryk) 53, Anm. (b) 263
Matthias, Leo L. 52
Mauthner, Fritz 46, Anm. (b) 212
Mawson, Douglas 22, Anm. (b) 55
Mell, Max Anm. (b) 84
Michel, Robert Anm. (b) 84
Mikkelsen, Ejnar 22, Anm. (b) 60
Molière (Jean-Baptiste Poquelin) Anm. (b) 100
Molnár, Franz 6, 23, Anm. (b) 66, 230, 267
Müller, Robert 26, 56, Anm. (b) 70, 78, 84, 133, 271
Musil, Hermine Anm. (b) 265
Musil, Martha 5, 8, 28, 31, 32 (Fn.), 41, 46, 51, 52, 56, 62, 63, 68, 69 (Fn.), 70, 71, 73, Anm. (b) 5, 9, 18, 40, 48, 89, 90, 97, 106, 113, 114, 128, 180, 181, 191, 208, 214, 215, 224, 225, 230, 244, 246, 247, 249, 263, 285
Musil, Matthias Anm. (b) 216

Nadler, Josef 22, Anm. (b) 56
Nebelthau, Otto Anm. (b) 156
Neisser 58
Neresheimer, Eugen 30, Anm. (b) 111
Neumann, Erich Anm. (b) 38, 41
Novák, Vítězslav Anm. (b) 25

Olden, Rudolf 32, 62, Anm. (b) 125, 205
Otten, Karl Anm. (b) 174

Pächt, Otto Anm. (b) 304
Perutz, Leo 60, Anm. (b) 278
Philippe, Charles-Louis 22, Anm. (b) 54
Picard, Max 52
Pick, Otto 6, 8, 23, 27, 29, 31 f., 33 f., 35, 36, 37, 38, 39, 51, 54, 55, 66, 69, Anm. (a) 7, (b) 63, 83, 94, 113, 129, 131, 133, 134, 135, 139, 141, 145, 148, 151, 152, 156, 158, 164, 165, 166, 167, 168, 169, 172, 174, 186, 198, 213, 229, 238, 242
Pogačnik, Josef Ritter von 79, Anm. (c) 17
Pallenberg, Max Anm. (b) 263
Papini, Giovanni 29, Anm. (b) 106
Polak, Ernst Anm. (b) 11
Polak, Milena 14, Anm. (b) 11, 32
Polgar, Alfred 9, 52, 59, (Anm. (b) 31, 205

Rašín, Alois Anm. (b) 19
Rathenau, Walther 27, Anm. (b) 71, 86
Reichart, Walter A. Anm. (b) 38, 41
Reimann, Hans Anm. (b) 92
Reinhardt, Max (Max Goldbaum) Anm. (b) 126
Rheinhardt, Emil Alphons 78, Anm. (c) 15
Rilke, Rainer Maria 68
Robert, Direktor Anm. (b) 156
Roland, Ida Anm. (b) 257
Rolland, Romain 27, Anm. (b) 82
Roller, Alfred Anm. (b) 126
Rosenthal, Otto Anm. (b) 129, 247
Roth, Marie-Louise Anm. (b) 66, 84
Rowohlt, Ernst 51, 57 Anm. (b) 29, 35, 129, 242
Rudolph, Theodor Anm. (b) 31

Saudek, Emil 47, 48, Anm. (b) 217, 218
Sauer, August Anm. (b) 93
Scarpa, Pietro (Piero) Anm. (b) 10
Schalk, Franz Anm. (b) 126
Schnitzler, Arthur Anm. (b) 84
Schönberg, Arnold Anm. (b) 51, 62, 249
Schreier, Maximilian Anm. (b) 205
Schwabach, Erich-Ernst Anm. (b) 57
Schwoner, Alfred 48, 50, 51, 53, Anm. (b) 220
Segalen, Victor Anm. (b) 57
Shakespeare, William Anm. (b) 208
Sinsheimer, Hermann 33, Anm. (b) 130
Škrach, Vasil 9

Škrdle, Dr. Anm. (a) 7
Soyka, Otto 20, Anm. (b) 42, 43, 47
Šrámek, Fráňa 7, 8, 13. Anm. (a) 7, (b) 6
Stavnik, Jan 46, 48, Anm. (b) 204, 222
Stephani, E. Anm. (b) 109
Steuermann, Eduard 52, Anm. (b) 249
Stiftegger, Hans Anm. (b) 85
Storfer, A. J. Anm. (b) 16
Strauss, Richard Anm. (b) 126
Strindberg, August Anm. (b) 207
Swoboda, Karl Maria Anm. (b) 304
Szittya, Emil Anm. (b) 11

Thom, Andreas (Rudolf Csmarich) 37, Anm. (b) 153
Thöming, Jürgen C. Anm. (c) 34
Trautner, Eduard 80, Anm. (c) 28, 29
Tschuppik, Karl Anm. (b) 282

Ullmann, Regina 62, Anm. (b) 280
Urzidil, Johannes Anm. (b) 140

Varga, Eugen Anm. (b) 75
Vaya, Mgr. Graf Peter Vay von 22, Anm. (b) 58
Viertel, Berthold 51, 52, Anm. (b) 62, 156, 237, 242, 252, 253
Vischer, Melchior 34, Anm. (b) 140
Vogel, Frida Anm. (b) 60
Voigt, Felix A. Anm. (b) 93
Vogelsang, F. Anm. (b) 69

Wachsmann, Julius 70, Anm. (b) 274
Wagner, Jan Anm. (a) 1
Walter, Bruno (Bruno Walter Schlesinger) Anm. (b) 126
Wassermann, Jakob 46, Anm. (b) 215
Wegener, Paul 50, Anm. (b) 231
Weingartner, Felix 50, Anm. (b) 233
Wellesz, Egon Joseph von 22, Anm. (b) 51
Werfel, Franz 6, 8, 17, Anm. (a) 8, (b) 29, 69, 217, 225, (c) 23
Wiegler, Paul 75, 76 f., Anm. (b) 246, (c) 2, 11, 12
Wiese, Leopold von Anm. (b) 192
Wildgans, Anton 46, Anm. (b) 100, 101, 103, 213
Wildgans, Lilly Anm. (b) 100, 101
Winder, Ludwig Anm. (b) 137, 140
Wirth, Josef Anm. (b) 86
Wirth, Zdeněk 58, Anm. (b) 273
Wittmann, Hugo Anm. (b) 102

Zemlinsky, Alexander von Anm. (b) 62
Ziegler, Wilhelm Anm. (b) 109
Zoglauer 13
Zweig, Stefan Anm. (b) 82

Titelregister

Affeninsel, Die
9, Anm. (b) 17
Aus einem Rapial
Anm. (b) 34

Begräbnis von A.
Anm. (b) 96, 174
Biochemie des menschlichen Leibes, Die
Anm. (b) 196

Dichter am Apparat, Der
Anm. (b) 91
Drei Frauen
Anm. (b) 258, 259
Eine Geschichte aus drei Jahrhunderten
71, Anm. (b) 293

Ein Volksstück
Anm. (b) 86
Einige Schwierigkeiten der schönen Künste
Anm. (b) 303

Fischer an der Ostsee
Anm. (b) 129, 137, 174
Flettner-Ruder (Das Flettnerruder)
45, Anm. (b) 202
Fliegenpapier, Das
Anm. (b) 174
Fliegentod s. Fliegenpapier

Geschichte einer Genesung
53
Gibt es dumme Musik?
Anm. (b) 34
Grigia
Anm. (b) 197
Grillparzer-Feier in Wien
Anm. (b) 104

Hellhörigkeit
Anm. (b) 189
Hilfloses Europa, Das, oder Reise vom Hundertsten ins Tausendste
Anm. (c) 31

Interview mit Alfred Polgar
Anm. (b) 277
Isis und Osiris
Anm. (b) 197

Kunst-Ein- und Ausdrücke
Anm. (b) 81

Licht, Das
Anm. (b) 122

Märchen vom Schneider, Das
Anm. (b) 248
Mathematische Mensch, Der
43, Anm. (b) 178, 194
Metaphysik der Musik
Anm. (b) 34
Moissi-Gastspiel
Anm. (b) 89
Moskauer Künstlertheater
Anm. (b) 80, 95
Musiker
Anm. (b) 34

Nachlaß zu Lebzeiten
9, Anm. (b) 174
Nation als Ideal und Wirklichkeit, Die
Anm. (b) 68

Portugiesin, Die
Anm. (b) 258

Reinhardts Einzug in Wien
Anm. (b) 137
Riese Agoag, Der
71, Anm. (b) 296, 297

Schwärmer, Die
27, 52, Anm. (b) 7, 87, 131, 133, 134, 156, 167, 207, 242, 253, 276
Skizze der Erkenntnisse des Dichters
Anm. (c) 21
Slowenisches Dorfbegräbnis
Anm. (b) 174
Symptomen-Theater
Anm. (b) 118

Verbrecherische Liebespaar, Das, Die Geschichte zweier unglücklicher Ehen
43, Anm. (b) 171, 172, 193
Verwirrungen des Zöglings Törleß, Die
18, 20, 75, Anm. (b) 35, (c) 9, 11
Vinzenz und die Freundin bedeutender Männer
39, 51, Anm. (b) 134, 144, 156, 170, 237, 240, 242, 264

Wertphilosophie eines Outsiders
53, Anm. (b) 243, 260
Wettlauf mit dem Schatten, Der
Anm. (b) 123, 124
Wiener Frühjahrsausstellungen
Anm. (b) 116
Wiener Theaterbericht
Anm. (b) 115
Wiener Theaterereignisse
Anm. (b) 66, 80
Wilnaer Truppe in Wien, Die
Anm. (b) 160
Zum Gastspiel des Lessing-Theaters im Neuen Deutschen Theater
Anm. (b) 208
Zusammenhänge?
Anm. (b) 37, 49, 64, 80